MEIN GLÜCKS WORKOUT

IN 4 WOCHEN FITTER, GESÜNDER & ZUFRIEDENER

MIT LIEBE VON NINA WINKLER

DELIUS KLASING VERLAG

„GLÜCK IST LERNBAR"

06 Vorwort
08 Einleitung: Glück kann man nicht kaufen –
aber Glücklichsein kann man lernen

14 Woche 1
LERNEN SIE IHR GLÜCKSPOTENZIAL KENNEN
UND ZIEHEN SIE EINE ERSTE BILANZ

64 Woche 2
WAS IST DAS ZIEL AUF IHRER PERSÖNLICHEN REISE INS GLÜCK?

102 Woche 3
FINDEN SIE IHR PERSÖNLICHES LEBENSMOTTO,
PROGRAMMIEREN SIE IHREN GEIST UM.

146 Woche 4
SETZEN SIE SICH ZIELE IM LEBEN, FINDEN SIE HERAUS,
WER SIE WIRKLICH SIND UND ZIEHEN SIE BILANZ

190 Schlussbetrachtung

VOM GLAMOUR DES GLÜCKS

Gibt es ein Grundrecht auf Glück? Was bedeutet Glück überhaupt? Von Glücksforschern wird es wie folgt ausgedrückt: Glück beschreibt die Zufriedenheit mit dem Leben, aber auch den persönlich wichtigsten Lebensbereichen. Wer mehr angenehme als unangenehme Gemütszustände durchlebt, ist ebenfalls glücklich.

Aber was ist Glück für Sie, was für mich? Der notwendige Hormoncocktail mag in jedem Menschen ähnlich sein, aber im realen Erleben ist es doch eine sehr individuelle Angelegenheit. Für mich persönlich ist Glück wie eine Grundmelodie in meinem Leben. Eher wie ein Bass, ein starker, kräftiger Herzschlag. Immer da, aber nur selten so laut zu hören, dass es nicht zu überhören ist. Doch das Klopfen ist in jeder Sekunde präsent und fassbar, wenn ich es mir bewusst mache. Mein Glück schlägt demnach wie ein unsichtbares Herz, das ich mir erst bewusst machen musst, um es wahrzunehmen. Jeder hat dieses Glücksherz, und es schlägt in Ihrem, ganz individuellen Rhythmus. Hören Sie genau hin und stellen Sie fest, wie viel Glück genau in diesem Moment vor Ihren Füßen liegt und nur darauf wartet, von Ihnen erkannt zu werden und Sie anspringen zu dürfen.

Glück ist für viele Menschen ein Ziel, das sie nicht genau definieren können, das es aber zu erreichen und zu behalten gilt. Viele denken, dass es mit Geld und Wohlstand verbunden ist – und Glück ist ja auch wie ein Lottogewinn, es fühlt sich nur dann echt an, wenn es uns in voller Pracht und unvermittelt trifft. Wenn es überraschende, neue, inspirierende Aspekte bereithält. Dabei ist es nachgewiesenermaßen gerade der Lottogewinn, also das Geld, das uns nicht wirklich glücklich macht. Aktuellen Ergebnissen der internationalen Glücksforschung zufolge spielt Geld ausnahmsweise nicht die Hauptrolle – vorausgesetzt, man hat so viel davon, dass die Grundbedürfnisse des Lebens gesichert sind, man also ein Dach über dem Kopf, etwas zu essen, frisches Wasser und ein erträgliches Auskommen hat. Für die meisten von uns spielt Geld demnach eine untergeordnete Rolle. In einem sind sich die Forscher jedoch einig: Glück kann man nicht festhalten. Wenn man es aber nicht binden kann, sollte man es dann nicht eher loslassen? Einen Platz schaffen, der so anziehend und gemütlich aufs Glück wirkt, dass es sich gern niederlässt und sich an unsere Seite kuschelt? Glücklich zu sein, ohne das Glück erzwingen zu wollen, aber dennoch aktiv etwas dafür tun. Das erreichen Sie im besten Fall mithilfe dieses Buchs. Kommen Sie mit auf eine vierwöchige Reise, durch die sich nicht nur Ihr Umfeld, sondern auch Ihre innere Welt positiv verändern kann. Machen Sie es dem Glück leichter, öfter zu Besuch zu kommen. Surfen Sie die Welle, auch wenn Sie mal durch ein Tal schreiten müssen oder Bauchplatscher erleben. Eine einzelne (Glücks-)Welle mag abflachen, aber der (Glücks-)Ozean verschwindet nicht.

Viel Freude beim Glückssurfen; möge dieses Buch Ihr Surfboard sein!

Ihre

Nina Winkler

> Das Recht auf das Streben nach Glück ist in der US-amerikanischen Unabhängigkeitserklärung von 1776 sogar schriftlich verankert.

Wahres Glück finden Sie nur im Innen, es kommt niemals von Außen

GLÜCK KANN MAN NICHT KAUFEN – ABER GLÜCKLICHSEIN KANN MAN LERNEN. MIT EINER POSITIVEN, LEBENSBEJAHENDEN EINSTELLUNG, VIEL SELBSTLIEBE, STARKER MOTIVATION UND EINEM GESUNDEN, FITTEN KÖRPER KANN DAS JEDER.

Nehmen Sie sich vier Wochen Zeit, und ich zeige Ihnen Schritt für Schritt, wie man sein Leben neu ordnet. Wie Sie langsam, aber stetig an der Präzision persönlicher Ziele und der eigenen Einstellung feilen können. Wie Sie mit Mini-Schritten auf ein besseres Leben mit vielen kleinen und einigen großen Glücksmomenten zusteuern können und zu einer rundum glücklichen Grundeinstellung gelangen. Wie Sie Altlasten abwerfen, Energiefresser loswerden, sich neue und positive Strukturen schaffen und einen inneren Gückshausputz durchführen können.

Alles in Balance. Mit einem durchdachten System geht das gleich viel leichter: Sicher gibt es viele Wege, die nach Rom führen, und selbstverständlich erhebe ich keinen Anspruch auf die einzige Wahrheit. Aber eines ist an meiner Methode sehr speziell: Ich lege großen Wert auf die Einheit von Körper, Geist und Seele. Ich glaube an die ganzheitliche Gesundheit, die sich durch das Ausbalancieren dieser drei Grundpfeiler ergibt. Wir Menschen besitzen alle drei Elemente, und alle drei Ebenen wollen genährt und geführt werden. Erst die Balance zwischen den drei Pfeilern ermöglicht es uns meiner Meinung nach, über den Tellerrand zu blicken und uns voll und ganz dem Glück zuzuwenden. Was nützt mir alles Glück dieser Welt, wenn ich krank an Körper, Geist oder Seele bin? Doch ist Balance geschaffen, macht diese das dauerhafte Genießen eines glücklichen Grundzustandes möglich.

Spiritualität: ein neues Putzmittel? Was Sie hier immer wieder lesen und im Text spüren werden, ist mein persönlicher Bezug zu dem, was größer ist als wir alle. Manche nennen es Gott, andere Allah oder Brahman, ich selbst habe die Suche nach einer Begrifflichkeit aufgegeben und durch ein Gefühl ersetzt. Jedenfalls sollten Sie über mich wissen, dass ich sehr, sagen wir, gottesgläubig bin; andere bezeichnen dies als spirituell oder esoterisch. Ich gehöre allerdings keiner Religion, keiner Sekte, keiner bestimmten Glaubensrichtung an, aber wenn Sie der Meinung sind, dass Spiritualität ein neues Putzmittel ist, sollten Sie vielleicht lieber einen anderen Ratgeber lesen. An dieser Stelle möchte ich betonen, dass ich keinesfalls allein an der Entstehung dieses Ratgebers beteiligt bin: Nur mit einem sehr motivierten, meistens glücklichen und kreativen Team im Rücken war es mir möglich, dieses Buch überhaupt zu schreiben. Dankbarkeit und Glücksgefühl halten sich in mir bei diesem Thema eindeutig die Waage: Ich weiß wirklich nicht, was zuerst da war und bin selbst überrascht, wie das Gewicht auf beiden Waagschalen immer weiter ansteigt.

Schritt für Schritt happy. Zurück zum Buch und dem, was Sie erwartet bei der Glücksarbeit in den vier Wochen: Mein System hat 28 Schritte und unterteilt sich in vier einzelne Wochen. Jede Woche verfolgt dabei einen bestimmten Zweck, der Sie Ihrem Ziel ein wenig näher führt und Körper, Geist und Seele ins Gleichgewicht bringt. An jedem einzelnen Tag gibt es ein bestimmtes Motto, das Sie auf Glückskurs bringen soll und Ihnen dabei hilft, Ihr individuelles Glück zu definieren und den Weg dorthin konsequent zu verfolgen. Mir ist sehr wichtig, dass Sie immer wieder zu sich selbst zurückkehren und an sich arbeiten, in sich hineinhorchen, auf sich achten. Notieren Sie, so viel Sie können, und machen Sie sich bewusst, was vor sich geht: Denn Sie werden nicht glücklich, Sie sind es bereits. Sie erkennen es nur besser und lernen, dieses Gefühl aufzuwecken, wahrzunehmen und zu leben.

Drei Arten von Glück. Ich unterscheide zwischen drei ganz großen Glücksbereichen: Da gibt es die unterschwellige Glücksmelodie Ihres Lebens, die sehr stark von der eigenen Grundeinstellung zum Leben und von einer positiven beziehungsweise pessimistischen Sichtweise auf das eigene Schicksal bestimmt wird. Das ist die Basis, auf der jedes Glück und jeder Erfolg, den Sie sich wünschen, gut wachsen und gedeihen kann. Auf diesem fruchtbaren Boden können Sie nun ackern und die Samen für große Glücksmomente einsetzen – und schließlich zum Keimen bringen. Das ist auch schon der zweite Glücksbereich: Große Momente, die Ihnen für immer in Erinnerung bleiben werden. Erfolge im Privaten, im beruflichen Bereich oder auch sehr persönliche Highlights. Wie materiell oder immateriell diese Hochhäuser des Glücks gebaut werden, liegt ganz an Ihnen, denn Sie sind der Schöpfer Ihres Lebens. Der dritte große Glücksbereich hat sehr mit Ihrer Wahrnehmung zu tun: Diese zu verbessern, die Achtsamkeit zu schulen und Ihnen neue Denkansätze und Strukturen zum Glücklichwerden zu vermitteln, ist das Ziel vor allem in der vierten Woche. Sie schaffen sozusagen ein Glücksbewusstsein, das wie ein blauer Himmel über Ihrem Glücksacker schwebt. Das Ihr Glück berührt, die wachsenden Highlights besonnt und bewässert und eine schützende Atmosphäre für dauerhafte Happiness bildet.

Glücksart Nummer eins: die Grundmelodie. Betrachten Sie zuerst Ihre Basis, die Erde, in der großes Glück wachsen soll. Hier finden Sie alles, was zum Wachsen großer Träume und zum Erschaffen Ihrer persönlichen Happiness notwendig ist. Es geht um Ihre Grundsätze, Ihre Einstellung und das Umfeld, in dem Sie glücklich werden wollen. Das ist eigentlich auch der wichtigste Teil der Glücksstrategie: Sind Sie negativ eingestellt, nehmen Sie alles persönlich? Fühlen Sie sich schnell angegriffen, fühlen Sie sich vom Leben benachteiligt? Das ist das Ticket für den Highway to Hell. Bleiben Sie aber trotz allen Widrigkeiten, die das Leben wirklich ausnahmslos für jeden bereithält, bei einer positiven, lebensbejahenden und liebevollen Grundeinstellung, setzen Sie die Segel auf Glückskurs. Vor allem in Woche eins und Woche vier steht die Grundeinstellung im Vordergrund. Nutzen Sie die Chance, äußerlich und innerlich zu entrümpeln und alles abzustoßen, was Sie energetisch und physisch von der Entfaltung des Glücks abhält!

Glückssorte Nummer zwei: echte Highlights. Sie wünschen sich etwas besonders Tolles, möchten ein richtig großes Glücksziel in Ihrem Leben erreichen? Werfen Sie Ihre Vorstellungen von der eigenen Beschränkung durch äußere Umstände über Bord, denn die Kraft fürs Glücklichsein stammt aus Ihnen ganz allein. Sind Sie innerlich gefestigt und haben Sie einen unerschütterlichen Glauben an Ihre schöpferischen Fähigkeiten, dann kann Sie nichts mehr aufhalten. Vor allem in Woche zwei und drei können Sie sich mit den Mechanismen von Ursache und Wirkung des Glücks und den Prinzipien des Universums auseinandersetzen. Die Technik des richtigen Denkens, das Manifestieren, ist dabei äußerst wichtig und kann Ihnen sehr effektiv helfen, das zu erreichen, was Sie wirklich wollen. Vorausgesetzt, es steht nicht dem Prinzip des freien Willens eines anderen Lebewesens entgegen und dient dem großen Ganzen. Selbstverständlich darf es um Ihre persönlichen Wünsche gehen, doch entscheidend für den tatsächlichen Erfolg und auch die Entwicklung Ihres eigenen Karmas ist, dass diese Wünsche im Einklang mit dem Wohlergehen anderer Lebewesen stehen. Nur wenn Sie mit der Absicht, nicht nur sich selbst einen Gefallen zu tun, an Ihre Wunschliste herangehen, werden Sie mit wenig

Widerstand zu kämpfen haben und locker ans Ziel kommen. Woche zwei bietet Ihnen hier Hilfestellung und füttert Sie mit notwendigen Informationen.

Glücksform der dritten Art: mehr Bewusstsein. Ein sehr wichtiger Aspekt beim Glücklichsein ist das Bewusstsein und viel Kenntnis über die Strukturen der eigenen Psyche. Was schwächt uns, was hält uns vom Glücklichsein ab – und warum? Wie können Sie dem Hamsterrad entfliehen, das von innen womöglich wie eine Karriereleiter wirkt? Sie bekommen vor allem in Woche drei einen neuen Blickwinkel aufgezeigt, der Sie Ihre inneren Strukturen vielleicht hinterfragen und vorsichtig in Richtung Eigenverantwortung verschieben lässt – und Ihnen beim Gehen erster Schritte zu einem glücklicheren Leben zur Seite steht. Lassen Sie sich nicht verunsichern, wenn Sie beim ersten Lesen nicht gleich komplett begreifen, was gesagt wird; Ihre Seele kennt den richtigen Weg und wird Sie im Zweifelsfall auch führen, wenn der Verstand noch nicht wirklich begriffen hat, worum es eigentlich geht. Sie kennen Ihre Absicht, mit der Sie das hier lesen: Sie wollen glücklich sein. Lesen Sie am besten gleich weiter, und freuen Sie sich auf inspirierende vier Wochen: Möglicherweise könnte das nicht nur Ihr Denken, sondern auch Ihr Lebensgefühl für immer verändern.

HABEN SIE VIELE GLÜCKLICHE MOMENTE IN IHREM LEBEN, UND MACHEN SIE IHR HERZ JETZT WEIT AUF, DENN DIE REISE BEGINNT SCHON AUF DER NÄCHSTEN SEITE

Woche 1

WIE HAPPY SIND SIE MOMENTAN? WIE FIT? WAS KÖNNEN SIE VERBESSERN? LERNEN SIE IHR GLÜCKSPOTENZIAL KENNEN UND ZIEHEN SIE BILANZ

Eine Prise Mut, ein wenig Veränderung, eine gesunde Portion Fitness – und schon ist dem Glücklichsein Tür und Tor geöffnet. Mut ist dabei keine Charaktereigenschaft, sondern eine sehr bewusste Entscheidung. Wer mutig ist, hat gelernt, zu wählen, eine Möglichkeit anzunehmen und die zweite loszulassen. Wer zögert und sich nicht entscheiden kann, ist innerlich zerrissen und unzufrieden. Es gilt, eine Entscheidung zu treffen und diese mit mutigem Herzen anzunehmen. Bestenfalls trauert man anderen Wahlmöglichkeiten nicht hinterher.

Die erste Entscheidung haben Sie schon getroffen, indem Sie zu lesen begonnen haben. Das erforderte sicher nur sehr wenig Mut, aber im Inneren ahnen Sie, dass hier etwas auf Sie wartet, was vielleicht mehr von Ihnen verlan-

BILANZ ZIEHEN
BALLAST ABWERFEN

Tag 1
HAPPINESS-BILANZ

Tag 2
ÖFFNE DEIN HERZ!

Tag 3
SEI DIE BESTE VERSION DEINER SELBST!

Tag 4
NO MORE DRAMA! DAS BAUCH-BEINE-PO-WORKOUT

Tag 5
HO'OPONOPONO: VERGIB ANDEREN UND DU VERGIBST DIR SELBST

Tag 6
DER WELLNESS-TAG

Tag 7
RELAXEN MIT YOGA

gen wird. Sie haben sich entschieden. Lesen Sie mutigen Herzens weiter!

Die zweite Komponente, die das Glücklichsein erfordert, ist Handlung. Da jedes Handeln Veränderungen einschließt, wird es ab diesem Punkt vielleicht ein wenig unbequemer. Wagen Sie es, sich zu verändern? Aus der Komfortzone herauszutreten und sich neuen Perspektiven zu öffnen? Neue Wege zu beschreiten, aufregende und neue Ansätze auszuprobieren? Wenn ja, können Sie sich bald über eine veränderte innere Einstellung und viel Spaß im Leben freuen. Wie ein Meer voller Möglichkeiten werden sich Glücksmomente zeigen – und Sie werden selbst entscheiden, wo sich Wellen entwickeln, die Sie tragen werden. Denn das Glück, was ich Ihnen näherbringen möchte, entsteht nicht im Außen und ist von keiner Situation, von keinem Kontext abhängig. Es entsteht ganz tief in Ihnen selbst und macht Sie unabhängig von äußeren Umständen. Das macht Sie zum Surfer auf Ihrem inneren Ozean – und dieses Buch soll wie ein Surfbrett für Sie sein. Ich würde Ihnen gern helfen, es zu benutzen, damit Sie nicht müde werden, wenn Sie auf das unendliche Meer der Möglichkeiten hinauspaddeln.

Eine gesunde Portion körperliche, geistige und seelische Fitness gehört natürlich auch dazu: Damit Sie auf die Wellen des Glücks hinaufkommen, um sich letzten Endes persönlich weiterzuentwickeln. Und damit Sie lernen, dass auch nach der Welle kein tiefes Loch folgt, sondern eine glückliche Grundeinstellung herstellen, die eine tragfähige Basis darstellt. Auch wenn diese so veränderlich ist wie das Wasser, das Sie trägt. Mit einem gesunden, starken Körper, der sowohl kräftig als auch geschmeidig ist, sind Sie jedoch bestens für alle Veränderungen gewappnet, die Ihnen das Leben bereithält. Die größte Veränderung wird sich in Ihnen selbst vollziehen, wenn Sie Seite um Seite, Schritt für Schritt neue Impulse bekommen, sich mit dem eigenen Glücklichsein auseinanderzusetzen. Sie werden merken, dass es sogar viel Spaß macht, sich nach innen zu wenden. Ich freue mich auf unseren gemeinsamen Wellenritt!

Hopp hopp LOS GEHT'S!

Tag 1

WAS MICH WIRKLICH GLÜCKLICH MACHT

WIE GROSS KANN KLEINES GLÜCK SEIN, WIE KLEIN DAS GROSSE?

Es gibt diese Momente. Die ganz großen. Diejenigen, die man nie vergisst. Sie sind überwältigend. Und auch wenn wir eine Glückswelle von Weitem kommen sehen, trifft sie uns unausweichlich mit voller Wucht. Was jedoch bleibt, wenn die Welle abebbt, liegt an uns. Entweder trocknet der Boden aus, oder wir nutzen den Moment, um unsere Glückspflanze wachsen zu lassen. Dann bleibt weit mehr als nur Sand zwischen den Fingern: Die Welle war nur ein Moment, aber einmal gewässert, wächst das zarte Pflänzchen Glück in uns heran und entwickelt sich mit entsprechender Pflege über die Jahre zu einem starken Stamm, an den wir uns zuverlässig anlehnen können und der nicht so leicht zu entwurzeln ist, weil er kräftige Wurzeln entwickelt hat. Um ein erfolgreicher Gärtner zu werden, brauchen Sie nicht viel. Ein wenig Mut, etwas Zeit und der Wunsch, sich für das Positive im Leben zu öffnen, reichen schon aus.

Für mich war einer dieser großen Momente die Geburt meines Sohnes Jamie. Ich versuchte im Vorfeld zu erspüren, wie sich die Geburt und das Mutter-Sein anfühlen

Zuerst hat das Glück zarte Wurzeln, später stärkere – und bald einen kräftigen Stamm. Wenn es gepflegt wird, wächst und gedeiht es und trägt sogar Früchte.

würde – und doch hatte ich keine Vorstellung davon, was die Ankunft dieser kleinen Seele in mir und in meinem Leben auslösen würde. Als ich das erste Mal in seine Augen sah, wurde mir klar, was Liebe ist. Mein Herz war zum Bersten voll von Glücksgefühlen. Ich war mir in diesem Moment felsenfest sicher, dass das nie wieder vorübergehen würde. Ist es auch nicht – auf eine ganz bestimmte Art und Weise ist sie geblieben, diese innige Liebe. Auch der Moment, das vollkommene Glück, sein geliebtes Kind in den Armen zu halten und die Gnade, Mutter sein zu dürfen, hat sich für immer in meine Seele geprägt.

Dennoch ist die hohe Welle des ganz großen Glücks natürlich abgeflaut, aber sie hat einen nährenden Boden hinterlassen. Darauf konnte ich aufbauen, und mit einer

Wenn die Glückswelle abebbt, bleibt nur die Erinnerung. Aber auch der eigene Horizont kann sich verschieben, erweitern, öffnen. Wenn man es zulässt.

Portion Mut und viel Geduld habe ich meine innere Einstellung unter die Lupe genommen und verändert. Das war gut, denn ich kann mein Glück mittlerweile viel deutlicher wahrnehmen. Die vielen kleinen Momente, von denen etliche vor der Geburt meines Kindes auch schon da waren, die ich aber nicht erkennen konnte, weil mit das Bewusstsein dafür fehlte. Das dumpfe, unbewusste „Alles-für-gegeben-hinnehmen-Feeling" ist einer tiefergehenden Dankbarkeit gewichen und hat meine Wahrnehmung im Alltag nachhaltig beeinflusst. In mir ist eine Achtsamkeit gewachsen, die den kleinen Dingen im Leben viel mehr Gewicht schenkt und mir leise, aber stetig den Weg zur Happiness gewiesen hat. Ohne großartig nachdenken zu müssen, darf ich mehrmals am Tag ganz bewusst eine dankbare Glückseligkeit empfinden.

Ein Lächeln, ein Blick: Bereits kleine Gesten können große Gefühle auslösen – oder ganz sanft so richtig in die Tiefe gehen, ganz ohne Getöse.

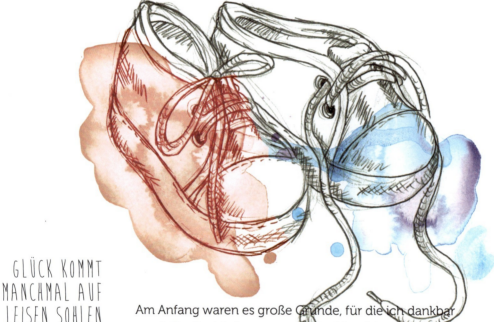

GLÜCK KOMMT MANCHMAL AUF LEISEN SOHLEN

Am Anfang waren es große Gründe, für die ich dankbar war, und für die ich immer noch dankbar bin: dass mein Kind gesund ist, dass ich bei ihm sein darf, dass wir in einer sicheren Umgebung leben. Später hat sich das ein wenig gewandelt. Ich empfinde nun für ganz andere Dinge Dankbarkeit. Beispielsweise für meine regelmäßige Yogapraxis, für die Möglichkeit, uns gut und qualitativ hochwertig ernähren zu können oder die Tatsache, dass mein Junge lächelt, wenn er mich im Kindergarten beim Abholen erblickt. All das hat die Grundmelodie meines Glücks sehr viel lauter werden lassen als früher. Fast ist es, als ob mit meinem Sohn auch ein Bewusstsein geboren wurde, mit dem ich die Welt aus einem ganz anderen Blickwinkel wahrnehmen darf.

Erst vor Kurzem, fast fünf Jahre später, ist mir klar geworden, dass dieser Prozess, der in mir abgelaufen ist, ein systematischer war. Und dass mir meine körperliche und geistige Fitness dabei mehr als nur ein Krückstock war: Ohne Gesundheit und großer innerer Stärke hätte ich in vielen Situationen wahrscheinlich anders reagiert.

Ich glaube, dass für einen derartigen Bewusstseinswechsel und das Glücklichsein nicht die Geburt eines Kindes oder ein anderes großes Erlebnis notwendig ist. Auch viele andere Erlebnisse, auch ganz kleine, können uns diesen „Warp-Antrieb" liefern und uns für einen Moment den Zusammenhang, das große Ganze unseres Universums erblicken lassen. Der Auslöser, die Ursache, der Moment, das ist für sich genommen nicht wichtig. Es kommt auf die Präsenz an, mit der Sie diese Momente erleben. Für manche Menschen ist die Holzhammermethode nötig – so wie bei mir braucht es ein wirklich großes Erlebnis, um auf den richtigen Trichter zu kommen. Viele Menschen haben aber

EIN BESCHEIDENER, KURZER AUGENBLICK KANN ALLES VERÄNDERN. MANCHMAL MUSS ES ABER DIE HOLZHAMMERMETHODE SEIN

bereits eine gewisse Sensibilität entwickelt und brauchen gar kein großes Erwachen, um ihrem eigenen Glück näherzukommen. Sind Sie im Hier und Jetzt angekommen, und erleben Sie auch nur einen einzigen Atemzug vollkommen gegenwärtig, stellt sich unweigerlich eine gewisse Klarheit ein. Wie eine Mini-Erleuchtung hat das einen Domino-Effekt zur Folge, der nur das eine Ziel hat: Die Welt mit anderen Augen zu betrachten. Das Unwichtige abzuspalten und zu sehen, dass das Außen lediglich ein Effekt unserer inneren Wahrnehmung ist.

Und damit haben Sie sich schon auf die Reise gemacht: Von einer Außenansicht nach innen zu gehen und zu erkennen, das alles, was wir zum Glücklichsein brauchen, eigentlich schon längst vorhanden ist. Dass wir bereits glücklich sind, glücklich sein dürfen. Das zeigt sich in vielen verschiedenen Formen, drückt sich bei jedem Menschen unterschiedlich aus. Beispielsweise durch Gelegenheiten, Gesundheit, Gefühle.

Egal, in welcher Lebenssituation Sie sich gerade befinden: Wenn Sie Ihren Blickwinkel verändern und Ihre per-

IHR GLÜCKSTRIP HAT LÄNGST BEGONNEN: AUGEN AUF!

sönliche Lebensreise vom Außen nach innen umlenken können, dann befinden Sie sich bereits auf dem Glückstrip Ihres Lebens. Dann werden Sie merken, dass sich nicht nur Ihre eigene Wahrnehmung verändern wird, sondern dass sich die Dinge auch im Außen verändern werden. Sie selbst schaffen sich Ihre Realität und sind verantwortlich für Ihre Gedanken – und letzten Endes ist alles, was Ihnen passiert – auch die Situationen, in denen Sie sich befinden –, von Ihnen selbst erschaffen worden.

Was sich erst unglaublich anhören mag, ist doch so einfach: Übernehmen Sie jetzt die Verantwortung für sich, gestalten Sie Ihre Situation, dann werden Sie damit beginnen, Ihr Schicksal selbst zu lenken. Dann bestimmen Sie selbst darüber, wo Ihre Reise hingeht. Dadurch können Sie die eigene Glücksfrequenz auf ein Level hieven, das vielleicht bisher weit entfernt schien.

Das alles erfordert einen gewissen Mut. Sich selbst zu erforschen, die eigene Verhaltensweise zu beleuchten, zu verändern, Eigenverantwortung zu übernehmen – all das ist nicht immer einfach und kann auch mal unbequem oder herausfordernd sein. Ziehen Sie zuerst Bilanz; sehen Sie genau hin, wie und wann Ihnen das Glück bisher in die Hände fiel und in welcher Art und Weise Sie Ihre alltägliche Happiness damit gewässert haben.

Wer Eigenverantwortung übernimmt, entflieht der Opferrolle und wird seines Glückes Schmied. Stress verwandelt sich zu innerer Ruhe – und Sie selbst werden zum Glückskind.

DIE TAGESBILANZ

„MUT steht am ANFANG des Handelns, Glück am Ende."

– Demokrit

Das Betthupferl

WAS MACHT SIE GLÜCKLICH?

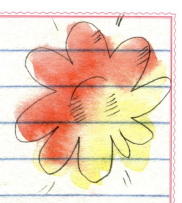

**Ihre Top 5,
ganz aus dem Bauch heraus ...**

1.
2.
3.
4.
5.

WAS WAR IHR GLÜCKLICHSTER MOMENT?

Es spielt keine Rolle, wie groß oder klein der Auslöser war.

WAS VERBINDEN SIE MIT GLÜCK?

Happy People, lucky Moments, oder einfach nur ein Stück Erdbeerkuchen ...

Tag 2
LASSEN SIE DAS GLÜCK HEREIN: HERZÖFFNER FÜR KÖRPER UND SEELE

Wer im Yoga Rückbeugen übt, setzt sich mit seiner Vergangenheit auseinander und stellt sich den Zombies im Keller der eigenen Gefühle. Unter Umständen kommen bei Übungen wie „Rad" und „Kamel" einige aufgestaute und nicht verarbeitete Emotionen hoch, manchmal fließen auch ein paar Tränen. Haben Sie keine Angst davor, diese Reaktionen sind normal, wenn man sich auf die Suche nach dem inneren Glück macht!

Die folgenden Übungen bringen Sie nach innen, zu Ihren Gefühlen. Sie reinigen damit nicht nur Geist und Seele, sondern öffnen auch die Vorderseite des Körpers, das Herz und den gesamten Brustbereich. Sie bekommen eine bessere Haltung und stehen aufrechter. Es wird Ihnen leichter fallen, den Brustkorb anzuheben und den Blick nach vorn auf die momentane Situation zu richten – und nicht den Blick vor sich auf den Boden werfen. Sie lernen, Ihr eigenes Glück wieder wahrzunehmen und machen sich sensibler für alle Möglichkeiten, die sich Ihnen bieten.

> HABEN SIE KEINE ANGST DAVOR, GEFÜHLE ZU ZEIGEN!

> Gefühle wollen erlebt, nicht begraben werden! Es erfordert ein wenig Mut, sich ihnen zu stellen – aber die Erleichterung nach dem Üben wiegt alles wieder auf.

1

Meditation – mehr Fokus schaffen

Setzen Sie sich mit gekreuzten Beinen aufrecht hin und legen Sie die Hände auf die Knie. Daumen und Zeigefinger bilden einen Kreis, die anderen Finger sind ausgestreckt. Arme ebenfalls ausstrecken. Augen schließen. Sitzen Sie völlig still und beobachten Sie die Gedanken, lassen Sie sie kommen und gehen. Stellen Sie sich ein helles Licht am Punkt zwischen den Augenbrauen vor und konzentrieren Sie sich darauf. Sitzen Sie so 5 Minuten und versuchen Sie, gedanklich leer zu werden.

2 Halbes Rad (2a) –

Beginnen Sie in der Rückenlage. Die Füße eng am Po hüftbreit aufstellen, die Arme neben dem Körper ausstrecken. Strecken Sie die Halswirbelsäule lang und drücken Sie den Hinterkopf bewusst in den Boden. Steißbein lang ziehen und den kompletten Rücken auf dem Boden spüren. Finger weit spreizen, Handflächen auf die Unterlage drücken.

locker werden (2b)

Druck in Arme und Hände geben, Becken hoch anheben. Hände unter dem Körper verschränken, Handballen aneinander, Hände in den Boden drücken. Schultern eng zusammen. Kinn zur Brust, dann Becken weiter anheben, dabei Knie zueinander drücken und Beckenboden fest anspannen. 5 Atemzüge halten, dann Hände lösen. Langsam auf dem Boden abrollen.

3 Volles Rad (3a) –

Beginnen Sie in Rückenlage. Wirbelsäule gerade ausrichten und den Beckenboden leicht anspannen. Füße hüftbreit geöffnet aufstellen, die Knie ebenfalls hüftweit halten. Arme anheben und anwinkeln, dann die Hände eng neben dem Kopf auf den Boden setzen, die Fingerspitzen berühren die Schultern. Finger weit spreizen und die Ellbogen zueinander drücken. Bauch und Po leicht anspannen.

Ängste lösen (3b)

Drücken Sie sich aus der Kraft von Beinen, Po, Armen, Schultern und Bauch nach oben in das Rad. Versuchen Sie, das Gewicht gleichmäßig auf Füße und Hände zu verteilen und den Kopf zwischen die Arme zu bringen. Den Kopf locker hängen lassen. 5 Atemzüge lang halten, dann das Kinn zur Brust ziehen und die Schultern auf den Boden legen, langsam abrollen.

4 Kamel – basic

Im Kniestand starten: Knie 20 cm weit geöffnet aufsetzen, Fußballen und Zehen aufstellen. Oberkörper ist aufrecht. Hände an den unteren Rücken setzen, Finger zeigen nach unten. Becken vorschieben und den Kopf in den Nacken sinken lassen. Hände an die Fußgelenke setzen. Becken die ganze Übung über nach vorn drücken. 5 Atemzüge.

5 Kamel – intensiv

Kommen Sie zunächst in die Kamel-Position wie zuvor bei Übung 4 beschrieben. Achten Sie darauf, das Becken sehr bewusst nach vorn zu schieben und den Beckenboden fest anzuspannen. Lösen Sie dann die linke Hand vom Fußgelenk und strecken Sie den linken Arm senkrecht nach oben. 3 Atemzüge, dann Seite wechseln.

6 Bogen (6a) –

In der Bauchlage beginnen. Stirn auf den Boden legen, Beine geschlossen. Becken in den Boden drücken, Fersen zum Po ziehen. Füße an den Fußgelenken greifen, große Zehen berühren sich. Schultern nach hinten ziehen. Nehmen Sie sich vor, die Knie während der gesamten Übung möglichst eng zu halten.

mit dem Herzen sehen lernen (6b)

Drücken Sie die Füße kraftvoll gegen Ihre Hände und heben Sie Oberkörper, Knie und Oberschenkel vom Boden weg. Blick dabei nach vorn und leicht nach oben richten. Geben Sie mit jeder Einatmung mehr Druck gegen die Hände und sinken Sie mit jeder Ausatmung tiefer in die Dehnung hinein. 8 Atemzüge, dann langsam und kontrolliert lösen und ablegen.

7 Die Totenhaltung: Offenheit akzeptieren

Legen Sie sich auf den Rücken, decken Sie sich eventuell mit einer warmen Decke zu. Die Füße fallen locker auseinander, die Handflächen zeigen zum Himmel. Augen geschlossen halten. Lassen Sie die Atemkontrolle los, und spüren Sie in die Herzgegend hinein: Nehmen Sie die Weite und die Freiheit wahr, die sich durch die Übungen zuvor in dieser Region des Körpers eingestellt hat. Erlauben Sie sich, dieses Gefühl zu empfinden und bleiben Sie etwa 5 Minuten so liegen.

DIE TAGESBILANZ

Wie weit ist mein HERZ geöffnet?

Wenn unbetrachtete, unbeachtete Gefühle hochkommen, ist das zunächst unangenehm, manchmal sogar schmerzhaft. Aber die Arbeit an den emotionalen Baustellen lohnt sich: Wer den Schutzpanzer des Nicht-Fühlen-Wollens ablegt, wird nicht nur empfindsamer, sondern auch mitfühlender. Wenn Sie mutig durch dieses Tal hindurchgehen, stehen am Ende ein gestärktes Urvertrauen und eine tiefe Liebesfähigkeit.

Wenn Sie Probleme mit Ihrem physischen Herzen haben, lohnt sich die Arbeit gleich doppelt: Arbeiten Sie am energetischen, spirituellen Herzen, bekämpfen Sie damit nicht nur die Symptome einer Krankheit, sondern ziehen die Wurzel des Übels am Ansatz heraus. Das Dehnen und Strecken des Brust- und Hüftbereiches werden Sie auch in einer veränderten Körperhaltung bemerken: Das Becken richtet sich auf, der Rücken bekommt weniger Druck ab, Brust- und Halswirbelsäule richten sich auf. Wichtig: Lassen Sie sich Zeit, werden Sie nicht ungeduldig – und nehmen Sie sich die Übungen richtig zu Herzen!

Das Betthupferl

REFLEKTIEREN UND NOTIZEN MACHEN

WEM HABE ICH MEINE LIEBE ZULETZT GEZEIGT, UND WIE INNIG WAR DIE SITUATION, IN DER DAS GESCHAH? WIE REAGIERTE DIE ANDERE PERSON?

WAS DRÜCKT MEINE KÖRPERHALTUNG AUS, WIE SCHÄTZE ICH MEINE LIEBESFÄHIGKEIT UND DIE WEITE MEINES HERZENS EIN?

HABE ICH PROBLEME, MEINE GEFÜHLE ZU ZEIGEN? WAS MUSS PASSIEREN, DAMIT SICH DAS VERBESSERT?

Tag 3

SEI DIE BESTE VERSION DEINER SELBST!

Perfekte Körper, perfekte Familien, perfekte Beziehungen, perfekte Jobs, perfekte Leben: Was uns durch die Medien suggeriert wird und sich schleichend in unser Gehirn frisst, sind unrealistische Wunschvorstellungen von unseren Körpern, von unseren Familien, Beziehungen, Jobs, vom Leben. Aber das ist niemandem ständig bewusst, immer und immer wieder fallen wir mehr oder weniger darauf herein und lassen uns so in den Sumpf der dunklen Gefühle herunterziehen. Wir fühlen uns zu dick, zu dünn, zu dumm, zu arm, zu unzureichend und zu klein. Gesamturteil: mangelhaft.

Machen Sie eine Mediendiät! Im Grunde suchen Sie im Außen, wenn Sie sich vergleichen oder vielmehr oft vergleichen lassen. Die Zufriedenheit wird aber nie von außen kommen, denn da gibt's nur kurz anhaltende Thrills, die in einer faden Leere mit schalem Nachge-

Glück kommt nie von außen. Leider stecken wir im Nebel der Medienlandschaft fest und können oft nicht klar sehen, was unserer Happiness im Weg steht.

Happy-Hormone und das gute Gefühl, etwas für sich zu tun: Bei Cardio-Sportarten wie Laufen, Schwimmen, Rudern oder Aerobic schmilzt das Fett – und auch der Panzer, der das Glück vom Herzen abhält. Joggen hilft außerdem nachweislich gegen Depressionen.

BEWEGUNG IST EIN WAHRER GLÜCKSSPENDER

schmack und dem Wunsch nach mehr Konsum einhergehen. Wenden Sie sich stattdessen nach innen und nehmen Sie sich Zeit, mit sich selbst allein zu sein. Alleinsein heißt: ohne Facebook, Fernseher, Freunde – ob virtuelle oder echte. Einfach nur Sie und Ihr Alter Ego.

Wenn Sie schon beim Gedanken daran kalten Schweiß auf der Stirn haben, sind Sie voll in die Falle getappt. Dann können Sie sicher sein, dass es Zeit ist, den Außenkontakt zu reduzieren. Machen Sie eine radikale Facebook-Diät: Verabschieden Sie sich mal vier Wochen von der Bildfläche, und gönnen Sie sich Zeit mit sich selbst. Lassen Sie Zeitschriften und Zeitungen einfach links liegen, die wichtigen Informationen werden Sie bestimmt auch so mitbekommen. Machen Sie Dinge, für die sonst keine Zeit bleibt, denn genau wie bei einer Fastenkur werden Sie schnell bemerken, wie viel mehr Zeit Sie haben, wenn Sie nicht schnell die Statusmeldung hier, einen Artikel da, den YouTube-Film dort ansehen, kommentieren, wegklicken. Und noch etwas sehr Wesentliches wird mit Ihnen passieren: Sie werden innerhalb kürzester Zeit feststellen, dass Sie sich weniger doof finden und dass Ihr Körper doch ganz okay ist, Ihre Arbeitsleistung eigentlich auch – und so weiter.

> Machen Sie die gesündeste Kur der Welt: Mediendiät! Sie werden zwar nicht schlank davon, aber glasklar im Kopf. Und glücklicher. Ganz ohne Jo-Jo-Effekt!

Sich selbst sehen lernen. Es ist gut, ein Ziel zu haben. Ziele sind für uns eine Motivation, und wenn wir sie erreichen, sind wir im Idealfall für einen Moment glücklich. Wenn Sie allerdings bei Ihrem Hürdenlauf des Lebens die Hindernisse so hoch legen, dass Sie jedes Mal reißen, dann macht es irgendwann keinen Spaß mehr und Sie sind frustriert. Das müsste nicht so sein. Eigentlich kennen Sie sich doch ganz gut: Klopfen Sie bei Ihrer Zielsetzung einfach einige Dinge ab, die Sie bisher vielleicht nicht hinterfragt haben.

Fragen Sie sich erstens: „Will ich das wirklich?" Und zweitens: „Entspricht mir das?" Wenn Sie bemerken, dass Sie nur die Erwartungen von anderen erfüllen sollen oder Ihnen das angestrebte Ziel nicht entspricht, dann verbiegen Sie sich eben nicht, sondern passen die Zielsetzung an. Beim Personal-Training fällt mir das regelmäßig auf: Warum

> Stimmt Ihre Motivation? Wollen Sie das wirklich? Sie müssen die richtigen Gründe haben, um ans Ziel gelangen zu können.

meinen viele Frauen, dass Kleidergröße 34 (nicht 36, nein, 34!) ein erstrebenswertes Trainingsziel sei? Möglich ist alles, aber warum um alles in der Welt sollte man, nachdem man zwei Kinder zur Welt gebracht hat, über 40 ist und einen super Job hat, ab sofort zur Belohnung auf jegliche Genussmittel wie Rotwein, Schokolade oder leckeres Essen verzichten, damit man 15 Stunden pro Woche intensiv Sport treiben kann?

Mein schlagendes Argument ist immer: Es ist unwahrscheinlich, dass wir es in diesem Leben noch mal auf das Cover der Vogue, auf einen Mailänder Laufsteg oder zur Miss Nordrhein-Westfalen-Bikinishow schaffen. Meistens einigen sich die Kundin und ich dann auf Größe 38, und auf gelegentliche Ausrutscher bei der Ernährung und nur sechs Stunden Sport die Woche. Und die meisten sind mit ihrem neuen, realistischen Figurziel sehr, sehr happy – und halten vor allem auch das Ernährungs- und Sportprogramm auf Dauer durch. Anstatt einem unrealistischen Ideal hinterherzuhecheln, werden diese Frauen einfach nur die bestmögliche Version ihrer selbst.

Sollten Sie der Meinung sein, dass Miss Nordrhein-Westfalen oder Mailänder Bohnenstange dennoch Optionen seien, machen Sie sich bitte klar, dass das natürlich erreichbare Ziele sind, diese aber auch ihren Preis haben, der in Happiness-Dollar zu bezahlen ist, also mit persönlicher Zufriedenheit. Es ist eine freie Wahl, auf soziale Veranstaltungen zugunsten der Linie zu verzichten oder Kindergeburtstage zu meiden wie der Teufel das Weihwasser, denn es könnte ja Kuchen übrigbleiben. Vom Prosecco wollen wir jetzt mal nicht reden. Oder vielleicht doch: Ich möchte ja eigentlich, dass Sie sich feiern, jeden Tag. Vielleicht nicht im Alkohol, aber in Glückshormonen baden. Sich daran freuen, wie unbeschwert Sie leben und dass Sie erfüllende Momente erleben dürfen. Im Kreise Ihrer Lieben, beruflich happy, gesund und fit. Denken Sie daran, dass wir alle ohnehin gesegnet sind, ohne Krieg und mit einem Dach über dem Kopf leben zu dürfen. Und dass selbst das eine Momentaufnahme ist, die sich jederzeit und ohne Ankündigung ändern könnte. Leben Sie jetzt, in diesem Moment, denn es gibt ihn nur einmal!

> Nur wer authentisch ist, wird auch Erfolg haben. Ob Job, Familie oder Gesundheit: Sie können sich glücklicher machen, wenn Sie die Marschroute selbst festlegen.

> GLÜCK IST WIE SCHOKOLADENKUCHEN: AUF EINMAL IST DIE GELEGENHEIT AUFGEFUTTERT, UND ES SIND NUR NOCH VERHEISSUNGSVOLLE KRÜMEL ÜBRIG. UND SIE? SIE SABBERN, WENN SIE SICH DAS STÜCK NICHT GESCHNAPPT HABEN.

DIE TAGESBILANZ

Meine Drogen sind grün: Bäume, Wiese, Landschaft, dazu blauer Himmel und Sonne. Noch dazu in bester Gesellschaft, mit meinem Sohn Jamie: Das ist für mich Glück pur!

Das Betthupferl

WELCHE DINGE BRAUCHEN SIE ZUM GLÜCKLICHSEIN?

Tag 4

KOMMEN SIE IN BESTFORM! BAUCH-BEINE-PO

SCHNELL WEG MIT DER WAAGE!

No more Drama! Wenn Sie sich innerlich schon etwas stärker fühlen, machen Sie bitte zwei Dinge: Zählen Sie, wie viele Spiegel Sie in Ihrer Wohnung haben. Einer im Badezimmer und ein großer Gankörperspiegel reichen aus. Tun Sie sich einen riesigen Gefallen und verschenken Sie die übrigen Spiegel, sollten es mehr sein! Als nächstes nehmen Sie bitte die Waage im Badezimmer. Stellen Sie diese in den Keller an eine Stelle, die Sie nicht ohne Weiteres erreichen können. Da ist der beste Platz für dieses Terrorinstrument. Legen Sie sich stattdessen ein Zentimetermaß zu, wenn Sie das möchten. Umfänge messen ist zum einen wesentlich zuverlässiger, zum anderen wesentlich genauer als das Wiegen auf einer Körperwaage. Hier erfahren Sie zwar auch nichts über die verhältnismäßigen Anteile von Wasser, Fett- und Muskelgewebe, aber Sie bekommen wenigstens keine morgendliche Depression. Messen sollten Sie maximal einmal pro Woche, besser noch seltener.

Kriegen Sie Ihre Hosen nicht mehr über den Po, dann liegt das übrigens nicht an der Waage im Keller, sondern an

Früh übt sich: Kinder sollten von Anfang an viel zu Fuß gehen und mit dem Rad fahren. Studien zeigen, dass es im Erwachsenenalter leichter fällt, gesund und fit zu bleiben, wenn man eine aktive Kindheit hatte.

dem, was Sie über die Futterluke in den Körper hineinlassen. Trotzdem bin ich mir fast sicher: Steht die Waage erst im Keller, wird auch Ihre Stimmung besser. Wer happy ist, isst automatisch weniger und holt sich die Glückshormone über Bewegung, Frischluft und Fröhlichkeit, nicht übers Frustfutter. Dann sind Sie vielleicht auch bereit für den nächsten Schritt.

Sportliche Aussichten. Sie kennen Ihre körperlichen Schwachstellen und Ihre Problemzonen. Das sind nicht die, die Sie im Fernsehen suggeriert bekommen, sondern die, die muskulär schwächeln und ein potenzielles Gesundheitsrisiko darstellen. Schwache Bauchmuskeln tun das gern. Schlappe Pomuskeln sind ebenfalls Gift für die Bandscheiben. Schwache Beine genauso. Diese Regionen sollten Sie kräftigen.

Abgesehen davon: Sie kennen genauso auch Ihre körperlichen Stärken und Vorzüge. Ich möchte Ihnen einen Vorschlag machen: Konzentrieren Sie sich beim Üben auf die Gesundheit, aber außerhalb des Trainings in erster Linie auf Ihre Stärken! Sie haben weibliche Rundungen? Wunderbar, zeigen Sie das doch! Mit einer weiblichen Figur ist es absolut unmöglich, ein Size-Zero-Magermodel zu werden UND gut auszusehen. Natürlich können Sie sich kasteien und nicht nur an Energie, sondern auch an Gewicht und gleichzeitig an Ausstrahlung verlieren. Aber warum sollten Sie das wollen?

Seien Sie doch lieber die beste Version von sich selbst

Motivation ist alles!

Klopfen Sie sich in Gedanken auf die Schulter, wenn Sie sportlich aktiv werden – und freuen Sie sich, wenn Sie Fortschritte machen. Weniger Rückenschmerzen, weniger Verspannungen und eine bessere Haltung sind gute Gründe, sich zu freuen und sich mit einer Massage oder einem leckeren Smoothie zu belohnen.

1a Bein-Lift
Aufrecht stehen, linkes Bein weit nach hinten, strecken. Linkes Knie beugen, Hände auf den rechten Oberschenkel.

1b
Rücken gerade halten, linkes Bein gestreckt anheben. Hüften parallel. Bein senken, nicht mehr abstellen.

2a Po-Push
Vierfüßerstand, Ellbogen unter Schultern abstützen, Rücken gerade. Linkes Bein anheben, Knie gebeugt.

2b
Rücken gerade, Knie nach rechts an die Außenseite des rechten Beines nach unten ziehen. Wieder anheben.

3 Bauch-Fit
Rückenlage, Hände an den Hinterkopf. Ellbogen zurück, Oberkörper anheben, dann absenken, nicht ablegen.

4 Seiten-Crunch
Rückenlage. Rechtes Bein anheben, linken Arm gestreckt am rechten Bein vorbei strecken, Oberkörper heben und senken.

5a Beinformer
Rechten Unterarm aufstützen, Beine angewinkelt. Linkes Bein heben, linkes Knie zum rechten, linken Fuß heben.

5b
Oberkörper stabil halten. Linkes Knie heben, linke Ferse zur rechten Ferse senken. Im zügigen Wechsel mit a.

6a Seitstütz
Auf rechte Hand und rechtes Knie stützen, linkes Bein ausstrecken, linke Hand an der Hüfte halten, Bauch fest.

6b
Rechtes Bein ausstrecken, rechten Fuß hinter dem linken aufsetzen. Linken Arm senkrecht nach oben, 30 Sekunden halten.

7a Core-Power
Rückenlage. Beine anwinkeln und anziehen, Hände an den Hinterkopf. Linkes Bein über dem rechten Fußgelenk kreuzen.

7b
Bauchspannung erhöhen und Beine ausstrecken. Beine lösen und rechtes über dem linken kreuzen, Beine wieder zur Brust.

Woche 1

und supporten Sie Ihre Vorzüge – anstatt sich selbst die ganze Zeit zu sabotieren und schlecht zu reden. Sie haben schöne Beine? Herzlichen Glückwunsch, kaufen Sie sich bitte Miniröcke und Shorts! Zeigen Sie ein gesundes Selbstbewusstsein, und wenn hier und dort ein wenig Arbeit an der Figur nötig ist, weil Sie genau wissen, dass es besser geht: runter von der Couch! Bewegen Sie sich und handeln Sie, anstatt zu jammern.

ABWECHSLUNG MACHT LAUNE UND LÄSST DIE ZEIT WIE IM FLUG VERGEHEN

Denken Sie sich schön! Ebenfalls wichtig beim psychologischen Figurforming: Drehen Sie negatives Denken einfach um. Anstatt sich zu sagen: „Mein Po ist zu dick", formulieren Sie den Gedanken um. Beispielsweise: „Mein Po steht in perfekter Proportion zu meinem Oberkörper." Drücken Sie sich dadurch aber nicht vor Ihrem Workout: Sport macht gesund und hilft Ihnen, Ihre optischen Vorzüge noch besser zu inszenieren – und außerdem ist Bewegung Seelenfutter und macht gute Laune.

Wässern Sie die Wirbelsäule! Wenn es im Rücken zwickt, belastet Sie etwas im wahrsten Sinne des Wortes. Experten empfehlen, als Erste-Hilfe-Maßnahme zwei große Gläser stilles Wasser zu trinken. Bis zu einem Drittel der Beschwerden verschwinden dadurch bereits komplett. Sie sollten täglich zwei bis drei Liter stilles Wasser zu sich nehmen, um die Bandscheiben perfekt zu wässern.

Darf's noch etwas mehr sein? Für ein fittes Herz und kräftige Lungen, eine super Sauerstoffversorgung und gesunde Arterien empfehle ich Ihnen ein sanftes Cardioprogramm. 40 bis 60 Minuten leichtes Joggen, intensives Nordic Walking oder Bergsteigen sind ideal. Auch Radfahren eignet sich, aber hier müssten Sie rund ein Drittel länger und intensiver in die Pedale treten, da der Oberkörper sich nicht bewegt und der Puls weniger schnell steigt. Schwimmen und Rudern sind ebenfalls tolle Cardiosportarten und eignen sich hervorragend als Abwechslung im Sportalltag. Sie mögen Gruppendynamik? Wunderbar, dann sind Aerobic, Tae Bo, Spinning, Deep Work oder Crossfit vielleicht etwas für Sie.

Wasser marsch!

Überlisten Sie sich selbst: Einfach morgens eine große, volle Flasche stilles Wasser auf den Tisch stellen und immer wieder einen Schluck nehmen. Abends sollte die Flasche leer sein!

DIE TAGESBILANZ

Die persönliche Fitness geht im Leben mal rauf, mal runter. Doch wer einmal fit war, profitiert davon immer wieder.

DER KÖRPER HAT EIN MUSKELGEDÄCHTNIS

Das Betthupferl

WIE FIT SIND SIE MOMENTAN?

Testen Sie, wie viele Wiederholungen Sie schaffen, wie lange Sie durchhalten und wie beweglich Sie sind!

Übung	unfit	mittel	normal fit	sehr fit
KRAFT				
Liegestütz	0–1	1–5	5–10	11 und mehr
Kniebeugen	5–15	16–25	26–35	36 und mehr
Crunches, Beine abgestellt	5–15	16–25	26–35	36 und mehr
BALANCE				
Standwaage	1x0–10 s	1x10–15 s	1x15–25 s	1x länger als 25 s
Stehen auf einem Bein, Augen zu	1x0–5 s	1x5–8 s	1x9–12 s	1x länger als 12 s
CARDIO				
Jumping-Jacks (Hampelmänner), Arme über den Kopf ziehen	10–15	16–25	26–36	36 und mehr
BEWEGLICHKEIT				
Ausfallschritt, eine Hand zum Boden	Hinteres Bein gebeugt, Hand am gebeugten Bein	Hinteres Bein gestreckt, Hand auf dem gebeugten Bein	Hinteres Bein gestreckt, Hand auf dem gebeugten Bein	Hinteres Bein gestreckt, Hand am Boden, Rücken gerade
Rückenlage, ein Knie zur Brust ziehen, anderes Bein ausstrecken	Oberkörper gehoben, nicht fixiertes Bein schwebt und ist gebeugt	Oberkörper gehoben, Bein schwebt und ist gestreckt	Oberkörper abgelegt, Bein schwebt und ist gestreckt	Oberkörper abgelegt, gestrecktes Bein liegt auf dem Boden

Tag 5

HO'OPONOPONO: WENN STEINE VOM HERZEN FALLEN

Wenn Sie den hawaiianischen Zungenbrecher in der Tiefe erkunden, möchte ich Ihnen erläutern, warum ich mich für dieses Ritual entschieden habe. Stellen Sie sich vor, Sie halten zwei schwere Hanteln in den Händen. Wenn ich Ihnen jetzt eine Rose schenken möchte, müssten Sie eine Hantel weglegen, um sie anzunehmen. Genauso ist es bei diesem Ritual: Wenn Sie etwas Neues in Ihr Leben lassen möchten, müssen Sie etwas Altes dafür loslassen. Und darauf achten, dass Sie den Stein, den Sie loslassen, nicht auf Ihre Füße fallen lassen. Genau das passiert beim Ho'oponopono – und genau das ist mir passiert. Um einen beruflichen Neustart in Deutschland zu wagen, musste ich mich zunächst von meiner Wahlheimat Südafrika lösen. Um später frisch gestärkt dorthin zurückkehren zu können, gestärkt mit mehr Weitblick, einem liebenden Herzen und mehr Mitgefühl für die Geschehnisse, die nun hinter mir liegen.

SCHEIDEN TUT WEH – MACHT ABER FREI FÜR NEUES

„EIN ACH-DU-SCHEISSE-MOMENT"
AUSGERECHNET DIE!

Vergeben heißt nicht vergessen. Es bedeutet, einen anderen Weg zu finden, mit Geschehnissen umzugehen. Geben Sie den Geistern der Vergangenheit keine Macht mehr, Ihnen das Hier und Jetzt zu vermasseln! Meine Freundin, mit der ich zerstritten war, habe ich zufällig beim Joggen getroffen. Ho'oponopono hat uns wieder versöhnt.

Vergebung verändert Ihre Wellenlänge.
Beim Ho'oponopono verändern Sie die Struktur Ihres Energiefeldes und klären Lebensereignisse. Sie lassen einen Gedanken, eine programmierte Fixierung innerlich los – und zwar auf eine sanfte, schwebende Art und Weise, damit Ihnen nichts auf die Füße fallen und das Imperium auch nicht zurückschlagen kann. Falsch machen können Sie dabei übrigens gar nichts, denn selbst, wenn Sie nur

versuchen, zu vergeben, wird das Ritual auf energetischer Ebene eine Wirkung entfalten. Es kommt immer auf Ihre Absicht an – und ob Sie dann in der umgesetzten Tat alles richtig oder aus unglücklichen Umständen heraus etwas falsch machen, ist nur zweitrangig, solange Sie keinen größeren Schaden anrichten.

> Ihre Absicht entscheidet über Ihr Karma: Wenn Sie etwas gut meinen, aber in der Ausführung ungeschickt sind und einen Fehler machen, ist das Universum in der Regel gnädig.

Bedeutungsvolle Wurzeln. Zuerst die Facts: Ho'oponopono besteht aus zwei Wortteilen: „Ho" bedeutet „machen", „opono" steht für „richtig". Ho'oponopono bedeutet also „richtig richtig machen". Setzen Sie das in den Kontext des Ursprungslandes Hawaii, dem Land von Aloha, dem Land der Liebe. „Aloha" bedeutet: „Ich sehe das

LIEBEN HEISST LOSLASSEN KÖNNEN. AUCH WENN'S ERST MAL SCHMERZT.

Göttliche in dir und ich sehe das Göttliche in mir". Das können Sie wie das biblische „Liebe deinen Nächsten wie dich selbst!" verstehen, und es deckt sich mit der indischen Definition von „Bhakti", der Hingabe, und dem tibetischen Prinzip des Mitgefühls. Alle Lehren haben etwas gemeinsam: Werden sie praktiziert, können sich negative Gefühle und ihre Auswirkungen auf Umwelt, Mitmenschen und die eigene, innere Welt stoppen. So dürfen positive Schwingungen Einzug halten, und das Beste daran ist, dass allein

Ihre Absicht zählt. Sie müssen nur wirklich vergeben WOLLEN, damit das Ritual funktioniert. Selbst wenn Sie es nicht zu einhundert Prozent schaffen, vom Herzen her komplett zu vergeben, wirkt Ho'oponopono. Sie müssen sich dann nur bei jedem Anflug von negativen Gefühlen das Ritual in den Kopf zaubern und es innerlich vollführen, jedes Mal wieder, immer wieder – solange, bis Sie merken, dass wahrer, ehrlicher Frieden in Ihr Herz gekommen ist und sich die negativen Emotionen ins Nirwana der Vergebung verflüchtigt haben.

Und so geht's: Nehmen Sie sich etwa eine halbe bis eine dreiviertel Stunde Zeit, und schalten Sie Handy, Türklingel und Familienlärm ab. Schicken Sie Mann, Mitbewohner und Kinder spazieren, und trinken Sie zur Entspannung gemütlich eine Tasse Tee. Zünden Sie ein Räucherstäbchen oder eine Kerze an, und suchen Sie sich ein kuscheliges Plätzchen, an dem Sie auf dem Boden mit gekreuzten Beinen gut sitzen können. Setzen Sie sich dann in den Schneidersitz und schließen Sie die Augen. Die Hände vor dem Herzen falten. Überlegen Sie, mit welchen Familienangehörigen oder nahestehenden Personen Sie gerade Ärger haben, oder welche Situationen negative Gefühle wie Wut, Ärger, Enttäuschung, Verletzung in Ihnen hervorrufen. Stellen Sie sich die Person ganz genau vor, sehen Sie sie vor dem geistigen Auge ganz genau an. Dann sagen Sie die folgenden vier Sätzchen, am besten laut – aber auch ein innerliches Vorsagen ist okay, wenn Ihnen lautes Sprechen noch etwas seltsam vorkommt:

1. **Es tut mit leid.**
2. **Bitte verzeih mir.**
3. **Ich liebe dich.**
4. **Danke.**

Sie können das mit so vielen Personen durchführen, wie Sie mögen. Wenn Sie genug haben, singen Sie dreimal innerlich oder laut das Mantra „Om". Dann können Sie die Situation der Stille auflösen.

Was steckt dahinter? Sie verändern mit dem Ritual eine neuronale Struktur im Gehirn, die auf einem falschen Verständnis unserer Identität aufbaut, auf dem materiellen Ego. Dieses schadet uns mit drei Waffen: Angst, Trennung und Schuld. Alle drei Eigenschaften hindern uns daran, unser wahres Potenzial zu entfalten und vermitteln immer wieder, bewusst und unbewusst, eine Botschaft: „Du bist nicht gut genug!" Gründe dafür werden meistens auch gleich noch mitgeliefert: Schuld sind die Eltern, die Erziehung, die äußeren Umstände.

Raus aus der Opferrolle! Mit Ho'oponopono verlassen Sie die Opferrolle und beginnen, Verantwortung für Ihre Verhaltensweisen zu übernehmen – und Sie versuchen, diese zu verändern. Dadurch ändert sich Ihre persönliche Schwingungsfrequenz und die Frequenz, mit der Zellen und Impulse schwingen, erhöht sich. Destruktive Denk- und Verhaltensmuster können aufgelöst werden; es bilden sich neue, konstruktive Wege aus. Blockaden werden gelöst, und es ist gut möglich, dass sich das auf körperlicher Ebene ausdrückt, denn unsere Gedanken manifestieren sich im Körper.

Wir sind alle miteinander verbunden. Unterschätzen Sie die Wirkung Ihres Tuns auf Ihre Umgebung bitte nicht: Wir sind alle miteinander auf energetischer Ebene verbunden und beeinflussen uns ständig gegenseitig. Achten Sie also bei der Durchführung von Vergebungsritualen und anderen spirituellen Techniken auch stets auf die Menschen, die Sie dabei begleiten. Ihnen wohlgesonnene Menschen werden immer lösungsorientiert sprechen und handeln. Sie können Ihnen zwar nichts abnehmen, aber sie können Sie motivieren und in eine positive Zukunft weisen.

DIE TAGESBILANZ

Verzeihen Sie jeden Tag aufs Neue. Kleine Dinge, große Geschehnisse – was Ihnen gerade einfällt. Machen Sie ein Ritual daraus und Mitgefühl zu einem Grundprinzip Ihres glücklichen Lebens.

Das Betthupferl

WO IST MEINE VERGEBUNG GEFRAGT?

WO SIND DIE HO'OPONOPONO-BAUSTELLEN IN MEINEM LEBEN?

WELCHEN DREI PERSONEN MÖCHTE ICH GANZ AKTUELL VERGEBEN UND WARUM?

Seien Sie ganz ehrlich zu sich selbst, alles andere bringt Sie nicht weiter :-)

Woche 1

WELCHE DINGE SIND IN DER WEITER
ZURÜCKLIEGENDEN VERGANGENHEIT PASSIERT,
AN DIE ICH MIT WUT ODER HASS
ZURÜCKDENKE?

WELCHE PERSONEN WAREN BETEILIGT?

WELCHE DINGE SOLLTE ICH MIR SELBST UNBEDINGT VERZEIHEN?

Tag 6

WER NICHT GENIESST, WIRD UNGENIESSBAR

Egal, wie gesund oder ungesund, wie jung oder alt, wie schön oder unansehnlich Sie sich vorkommen: Es ist wichtig für das eigene Glücksempfinden, Momente des Genießens, der Liebe und des Mitgefühls immer wieder neu zu erschaffen und vor allem auch immer wieder daran zu arbeiten, sich für diese zu öffnen. Um aber genießen zu können, muss man zu allererst sich selbst lieben und sich eine wertschätzende und achtsame Aufmerksamkeit schenken. In Form von Zeit beispielsweise; beschäftigen Sie sich mit sich selbst, manchmal reicht eine schöne Tasse Tee oder eines ausgedehnten Wellness-Bad. Tragen Sie die Zeit für sich selbst wie wichtige Geschäftstermine in Ihren Kalender ein, und nehmen Sie diese Termine dann auch wahr! Sich selbst Zeit zu schenken ist aber nicht nur ein Akt der Selbstliebe, es ist gleichzeitig ein Akt der Nächstenliebe, denn Sie tanken auf und bekommen wieder Power, um mit Ihren Mitmenschen geduldig und mitfühlend umzugehen. Wenn Sie daheim schlecht abschalten können: Tun Sie sich mit einer Freundin zusammen und buchen Sie sich übers Wochenende in ein Wellness-Hotel ein, oder tauschen

Wenn Sie entspannt sind, färbt das ab. Ihre Mitmenschen fühlen sich automatisch stärker mit Ihnen verbunden, suchen Ihre Nähe und vertrauen auf Ihren Rat, wenn Sie in sich ruhen.

ES GIBT NICHTS SCHÖNERES ALS KÖRPERLICHE NÄHE UND GEMEINSAMES RELAXEN AM SONNTAGMORGEN

Kinder sind das Größte, aber sie können auch die größten Nervensägen sein. Geplante Auszeiten verhindern den Kinder-Overkill und dass Mama letzten Endes vielleicht am lautesten schreit.

Sie mit einer Freundin, die in einer anderen Stadt lebt, für ein Wochenende die Wohnungen und machen Sie es sich dort gemütlich! Bereits der Tapetenwechsel wird sich entspannend auf Ihre Psyche auswirken.

Der Zwang der Mäßigung. Eine Studie belegt, dass die Deutschen nicht mehr gut genießen können und wir uns einen Zwang der Mäßigung auferlegt haben. Wer genießt, gilt als faul und unproduktiv, wird schnell als wertlos abgestempelt. Je emsiger und beschäftigter man ist, desto mehr respektieren und schätzen einen die Mitmenschen. Aber diese Haltung macht uns krank, führt zu Burnout und Herzinfarkt. Wer genießen kann, hat das Prinzip

ERLAUBEN SIE SICH RUHIG MAL EIN PAAR FAULE STUNDEN AUF DER COUCH!

der Erholung und des Auftankens verstanden – und ist nicht nur entspannter sich selbst, sondern auch den Mitmenschen gegenüber. Wenn Sie loslassen, werden Sie sich gelassener fühlen, dann können Sie das Leben wieder ohne einen Gedanken an das, was war, oder das, was sein wird betrachten; dann kommen Sie ganz im Hier und Jetzt an. Sie werden dem Vogelgezwitscher am Morgen wieder Aufmerksamkeit schenken und die Tasse Tee ohne einen Gedanken an den bevorstehenden Tag genießen können.

Legen Sie die Zwangsjacke der Mässigung doch genau heute mit diesem 5-Punkte-Plan ab:

1. Trinken Sie die erste Tasse Kaffee oder Tee am Morgen in Ruhe, ganz für sich allein. Stehen Sie 10 Minuten eher auf und genießen Sie die Stille in der Küche, bevor Mann, Kinder, Hund, Katze und Maus hereintoben. Sehen Sie das als Ritual an, und machen Sie das regelmäßig.
2. Verbringen Sie die Mittagspause allein und gehen Sie raus in den Park! Es regnet? Fein, dann die Bürotür schließen und die Augen schließen: Zeit für ein genussvolles Power-Napping.
3. Verabreden Sie sich für diese Woche mit Ihrem Partner oder einer Freundin zu einem Glas Wein nach Dienstschluss. Planen Sie dafür mindestens zwei Stunden ein, ganz ohne Grund!
4. Nehmen Sie heute und ab sofort regelmäßig ein Wellness-Bad! Kerze und schöne Musik sind Pflicht, mindestens einmal pro Woche. Der halbherzig-abgehetzte Versuch, nach dem Fitnessstudiobesuch „noch schnell in die Sauna" zu gehen, zählt keinesfalls!
5. Planen Sie einen Tag am Wochenende für Familie und sich selbst ein. Ohne Termine, auch keine sozialen Treffen. Leben Sie einfach nur in den Tag hinein und genießen Sie die entspannten Stunden. Das Handy auf lautlos, besser noch ausschalten.

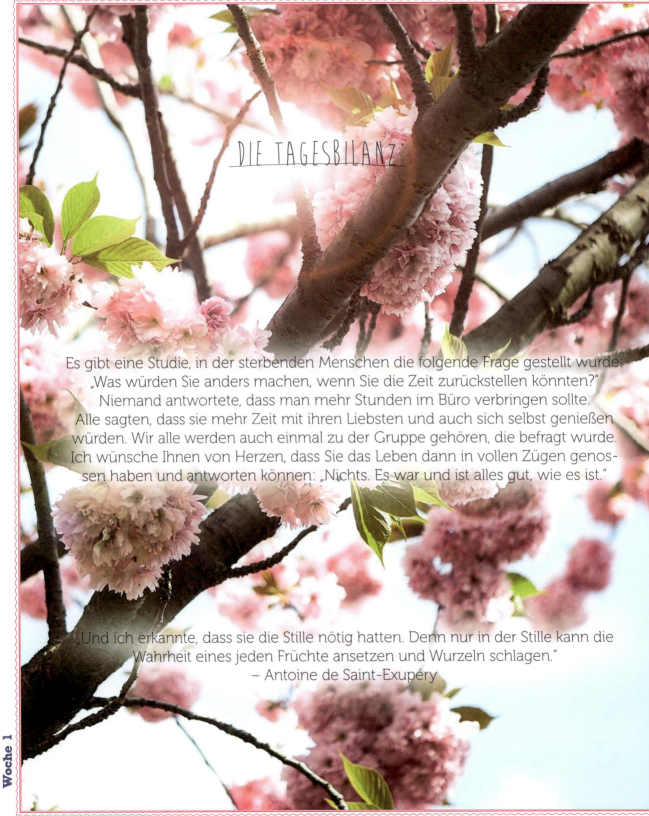

DIE TAGESBILANZ

Es gibt eine Studie, in der sterbenden Menschen die folgende Frage gestellt wurde: „Was würden Sie anders machen, wenn Sie die Zeit zurückstellen könnten?" Niemand antwortete, dass man mehr Stunden im Büro verbringen sollte. Alle sagten, dass sie mehr Zeit mit ihren Liebsten und auch sich selbst genießen würden. Wir alle werden auch einmal zu der Gruppe gehören, die befragt wurde. Ich wünsche Ihnen von Herzen, dass Sie das Leben dann in vollen Zügen genossen haben und antworten können: „Nichts. Es war und ist alles gut, wie es ist."

„Und ich erkannte, dass sie die Stille nötig hatten. Denn nur in der Stille kann die Wahrheit eines jeden Früchte ansetzen und Wurzeln schlagen."
– Antoine de Saint-Exupéry

Das Betthupferl

MEINE GENUSS-KOLLAGE

WIE ENTSPANNE ICH AM BESTEN?

MORGENS

MITTAGS

ABENDS

WIE SIEHT MEIN IDEALER WELLNESS-TAG ZU HAUSE AUS?

WER SIND MEINE RELAX-BUDDYS?

Schreiben Sie Namen von Freunden und Familienmitgliedern auf, mit denen Sie glückliche Momente genießen können. Dann verabreden Sie sich mit Ihnen.

Tag 7

LASS LOCKER! DE-STRESS-YOGA FÜR MEHR ENTSPANNUNG

Vor allem im Nacken- und im Schulterbereich setzen sich Anspannung, Belastung und Stress gern fest. Konzentration und Leichtigkeit verschwinden dadurch, weswegen Sie wesentlich flacher atmen, Sie dämmern wie im Schlafzustand nur noch auf das Ende des Tages zu, können nicht mehr lang im gegenwärtigen Moment verweilen und nehmen sich damit die Gelegenheit, die tagtäglichen kleinen Glücksmomente wahrzunehmen und zu genießen. Wenn Sie beispielsweise bei der Arbeit oft an das denken, was noch im Haushalt zu tun ist, wissen Sie bestimmt, was ich meine. Häufig geht auch das Gefühl, dass einem alles zu viel ist damit einher, Sie fühlen sich schnell überlastet und schnell gestresst.

Die folgenden Übungen werden Ihnen helfen, diese Last von den Schultern zu laden. Lassen Sie wieder Leichtigkeit in Ihre Muskeln, mehr Bewegungsspielraum in Ihre Gelenke – und damit auch in Ihren Alltag – einkehren, und wenden Sie sich den Körperpartien zu, die wirklich Ihre volle Aufmerksamkeit benötigen! Wenn Sie die Muskeln im Nacken, den Hüften, im Rückenbereich und in den Schultern lockern, können Sie zum einen besser durchatmen,

SITZT IHNEN DA WAS IM NACKEN?

> Atmen Sie öfter mal tief durch! Fenster auf, Augen zu: Tief in Bauch und Lungen atmen, bis unter die Schlüsselbeine. Drei Atemzüge reichen schon für eine Blitz-Entspannung.

zum anderen werden Sie auf Dauer aufrechter stehen und sich geschmeidiger bewegen können. Vor allem Bewegungen, bei denen Hüften und Nacken gedehnt werden, bewirken ein schnell erfahrbares Entspannungsgefühl: Hier sitzen viele Urängste, und wer aktuell gestresst ist, verspannt noch stärker. Übungen, bei denen sich der Kopf unter Hüfthöhe befindet, verbessern zudem die Versorgung des Gehirns mit frischem Blut und Sauerstoff.

Leichte Kopfschmerzen können verschwinden, und Sie werden sich garantiert relaxter und frischer fühlen, wenn Sie Ihrer Asana-Übungspraxis auch noch ein paar tiefe Atemzüge spendieren: Versuchen Sie, während der gesamten Übungsfolge nur durch die Nase ein- und auszuatmen – tun Sie das bitte kontrolliert und gleichmäßig. Alle Übungen sind einfach nachzumachen und sollten Ihnen nicht allzu schwerfallen. Halten Sie bitte jede Übung für fünf tiefe Atemzüge, und vergessen Sie nicht, gegebenenfalls die andere Seite auch zu bearbeiten.

Sollten Sie sich sehr unsicher fühlen, gönnen Sie sich doch mal eine Yogastunde im Yogastudio! Sie werden überrascht sein, wie angenehm es ist, außer Haus zu üben und die energetische Unterstützung einer ganzen Gruppe zu erfahren. Der Yogalehrer wird Sie zudem korrigieren und Ihnen helfen, mehr zu erreichen, als Sie je für möglich gehalten hätten.

1a Schulterdehnung
Beine weit grätschen, Fußspitzen nach vorn. Hände hinter dem Körper verschränken, Handballen zusammen, Arme strecken.

1b
Oberkörper aus der Hüfte heraus gestreckt nach vorn neigen, so weit es geht. Arme über den Kopf Richtung Boden ziehen.

2a Rückendrehung
Füße geschlossen, aufrecht stehen. Knie beugen, Gewicht auf die Fersen. Arme in Verlängerung des Rückens nach oben strecken.

2b
Hände vor der Brust falten. Oberkörper nach links drehen, rechten Ellbogen vor das linke Knie ziehen.

3a Rückbeuge
Beine weit grätschen. Rechten Fuß nach vorn, linken Fuß im 65-Grad-Winkel eindrehen. Arme auf Schulterhöhe ausstrecken.

3b
Linke Hand auf den linken Oberschenkel ziehen, rechten Arm über den Kopf nach hinten ziehen. Blick nach oben.

4a Schulterdehnung
Handgelenke unter den Schultern aufsetzen, Fußspitzen aufstellen, Oberkörper und Beine auf einer Ebene halten.

4b
Po nach oben schieben. Schultern zum Boden drücken. Fersen in Richtung Boden schieben, Beine strecken.

5a Herzöffnung
Fersensitz, Knie geschlossen halten. Bauch anspannen und Oberkörper aufrecht halten. Arme neben dem Körper.

5b
Po anheben, Becken nach vorn drücken. Brustbein anheben, Oberkörper nach hinten neigen, Fersen mit Händen fassen.

6a Körperbrücke
Hinsetzen, Hände hinter dem Körper aufstellen, Füße flach auf den Boden, Rücken strecken. Bauch fest.

6b
Becken anheben, bis Oberschenkel und Oberkörper auf einer Ebene sind. Kopf in den Nacken sinken lassen.

DIE TAGESBILANZ

Phasen der Ruhe **und Momente der Entschleunigung GEBEN IHNEN KRAFT** für die Hektik des Alltags.

Das Betthupferl

WAS HABEN SIE HEUTE FÜR IHRE ENTSPANNUNG GETAN?

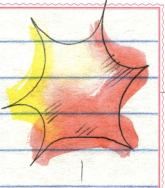

1. **Hier eintragen – los geht's!**

2.

3.

4.

WIE OFT HABEN SIE HEUTE ZWISCHENDRIN TIEF DURCHGEATMET?

Machen Sie das ab sofort mindestens fünf Mal am Tag!

WIE FÜHLT SICH IHR KÖRPER AN?

Beschreiben Sie den Entspannungsgrad Ihres Körpers auf einer Skala von 1 bis 10! 1 bedeutet dabei sehr verspannt, 10 bedeutet sehr entspannt. Wiederholen Sie den Test nach dem Übungsprogramm.

Kopf:
Schultern und Nacken:
Rücken:
Brust und Bauch:
Arme:
Beine:

Woche 2

WO STEHEN SIE JETZT – UND, VIEL WICHTIGER, WO WOLLEN SIE HIN? WAS IST DAS ZIEL AUF IHRER PERSÖNLICHEN REISE INS GLÜCK?

Glück ist keine Kleinigkeit. Glück ist eigentlich immer großartig. Aber manchmal scheint nur ein kleiner Teil davon hervor, weil es von vielen verschiedenen Dingen regelrecht zugemüllt und verdeckt wird. Das Glück kann dann entweder nicht wahrgenommen werden, oder es liegt nur zu einem kleinen Teil sichtbar bereit und versteckt wie ein Eisberg seine wahre Größe unter einem Meer von Ablenkungen und Unwichtigkeiten. Damit Ihr Glücksschatz gehoben werden kann und wieder in vollem Glanz erstrahlt, müssen Sie keine große Welle

KLARHEIT MACHT SIE GLÜCKLICHER

machen. Nur ein wenig Staub wischen. Nicht nur physisch, sondern auch virtuell und psychisch. In der zweiten Woche stehen Loslassen, Ausmisten und Klarheit schaffen an erster Stelle. Entrümpeln, sowohl geistig als auch real, hilft Ihnen dabei und poliert Ihr Glücksgefühl intensiv auf. Sie können Ihren Gedanken so Flügeln verleihen und von vornherein Ihr Leben neu auf Glück programmieren.

Tag 1 DEIN INNERER GURU

Tag 2 KLARHEIT VON INNEN: MEDITATION

Tag 3 ENTRÜMPLEN BEFREIT

Tag 4 MEHR POWER: ENERGIZER-MOVES

Tag 5 WEG MIT ENERGIEFRESSERN!

Tag 6 MANIFESTIEREN, ABER RICHTIG!

Tag 7 DE-STRESS-WORKOUT

Hopp hopp LOS GEHT´S!

Tag 1

DIE MACHT DES INNEREN GURUS

MEDITIEREN HILFT, UM DAS DENKEN ZU ORDNEN

Wenn Sie sagen sollten, was Ihnen wirklich wichtig ist im Leben: Wer würde antworten? Wäre es Ihr Bauch – oder doch eher ziemlich deutlich die vermeintliche Zentrale, der Kopf? Machen Sie sich zuerst bewusst, dass die wahren, die wichtigen Entscheidungen immer und bei jedem aus dem Bauch heraus gefällt werden. Je klarer die Emotionen sind, die von hier ausgehen, desto klarer werden sich Ihre Glücksziele abzeichnen. Lassen Sie uns die Gefühle doch einfach klären – und die vernebelnden Schichten abziehen wie bei einer Zwiebel, bis nur noch das Zarte, Innerste, Keimfähigste und Wichtigste vor Ihnen liegt. Der Weg führt Sie dabei mal wieder nach innen. Niemand kann Sie so gut beraten wie der eigene innere Guru, das Bauchgefühl, die Intuition – geben Sie dem Ganzen ruhig einen eigenen Namen. Das Problem an der Sache wird nur sein, dass die „Schein-Zentrale", der Kopf, Sie um jeden Preis vom inneren Guru fernhalten möchte. Das hat mehrere Gründe. Einer ist das, was Sie als Ihre Identität, als Ihr Ego bezeichnen. Kehren Sie also nach innen. Eine regelmäßige Meditationspraxis wird Ihnen ziemlich sicher sehr dabei helfen – und diese Aussage stammt von mir: Ich hatte mich trotz zehnjähriger Yogapraxis standhaft geweigert, zu meditieren. Aber der Kopf, genauer gesagt der Geist, ist eben erfinderisch, wenn es darum geht, sich nicht zu verändern. Er bleibt lieber in unzufriedeneren, aber sicher zu durchfahrenden Nebelwäldern, anstatt durch das plötzliche Erstrahlen von Klarheit aufzuwachen und sich neu zu erfinden. Meditieren Sie also, und hinterfragen Sie die drei wichtigsten Bereiche in Ihrem Leben.

Machen Sie hier Notizen und schreiben Sie sich auf, welche Themen Sie besonders angehen möchten!

PRIVAT

Zuerst geht es um Ihre private Situation, die Sie nicht unmittelbar im Herzen trifft, also keine Beziehungs- und Familiendinge. Stellen Sie sich folgende Frage: Welche Situation müsste eintreten, damit ich absolut sorgenfrei, angstfrei und innerlich absolut ruhig bin? Malen Sie ein Bild vor dem geistigen Auge – und wenn es Ihnen hilfreich erscheint, gern auch auf Papier. Wenn Sie fertig sind, setzen Sie sich davor und spüren Sie in sich hinein. Was sagt Ihr Herz, was Ihr Bauchgefühl dazu? Stellen Sie sich dann die Frage: Ist es wahr, dass ich das alles brauche, um sorgenfrei, angstfrei und innerlich absolut ruhig zu sein? Hören Sie in sich hinein!

BERUFLICH

Gehen Sie zum beruflichen Lebensstil über. Meditieren Sie über einer Frage: Ist das, was Sie beruflich tun, Ihre Leidenschaft, und erfüllt es Sie? Wenn nicht, warum nicht? Was muss passieren, damit Sie sich beruflich erfüllt und happy fühlen? Malen Sie sich die ideale Situation aus. Fragen Sie sich wieder: Ist es wahr, dass das alles passieren muss, damit ich im Berufsleben glücklich bin? Was ist Ihr Standpunkt zum Thema?

PERSÖNLICH

Zuletzt zielen Sie auf Ihr Herz, auf wichtige Beziehungs- und Familiendinge. Fragen Sie sich: Was muss passieren, damit mein Herz sich leicht und glücklich anfühlt? Wer muss mir begegnen, damit das eintrifft? Dann wieder: Ist es wahr, dass mir jemand begegnen muss, damit dieses Glücksgefühl eintritt? Was sagt Ihnen die innere Stimme?

DIE TAGESBILANZ

„ICH SAGE MEINEN SCHÜLERN, ICH BIN NICHT IHR GURU. ES GIBT NUR EINEN GURU FÜR ALLE: GOTT. SPIRITUELLE MEISTER SIND BLOSS INSTRUMENTE, ÄLTERE BRÜDER IN DER FAMILIE."

— SRI CHINMOY

Das Betthupferl

FRAGEN SIE IHREN INNEREN GURU!

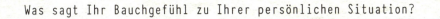

Was sagt Ihr Bauchgefühl zu Ihrer persönlichen Situation?

Wie steht Ihr innerer Guru zu Ihrer beruflichen Lage?

Ist Ihre persönliche Situation das, was Ihr Bauch für Sie optimal findet?

Tag 2

MEDITATIONSPROGRAMM: VERINNERLICHEN & FESTIGEN

Meditation ist langweilig. Das dachte ich selbst jedenfalls jahrelang, bevor ich es vor zehn Jahren das erste Mal ausprobierte. Stillsitzen und nichts tun – wie unproduktiv! Mit den verlorenen Minuten könnte ich weitaus mehr anfangen, die Wohnung putzen oder Sport treiben, einkaufen gehen oder mit einer Freundin telefonieren. Es gab tausendundeine Ausrede, es ganz einfach nicht zu tun. Der Sinn dahinter erschloss sich mir einfach nicht: Wozu ruhig sitzen und sich nicht regen, wenn Sport doch so gesund ist? Dann fiel mir auf, dass ich einen heftigen inneren Widerstand gegen das Meditieren hatte. Ich mochte es einfach nicht, ohne es jemals ausprobiert zu haben. Aber wie konnte ich etwas nicht mögen, was ich in meinem Leben noch nicht ein einziges Mal wirklich versucht hatte? Meine Schwester hatte einen Zen-Lehrer getroffen und mir erzählt, wie viel mehr innere Ruhe und Konzentration ihr das Stillsitzen gebracht hat. Ihre Stimme klang auf einmal auch anders, irgendwie entspannter. Eigentlich ist sie ein hyperaktives Energiebündel; damals hätten ihr locker fortgeschrittene ADHS-Symptome mit akutem Sprechdurchfall diagnostiziert werden können.

> Irgendwann werden Ablenkungen von außen nicht mehr so störend empfunden. Trotzdem fällt die Meditation leichter, wenn es ruhig und friedlich ist.

Sie wollte stillsitzen können? Unmöglich! Ich entschloss mich zu einem Experiment in der Stille, um den Trick herauszufinden – oder das Ganze als esoterischen Hirnquark zu enttarnen. Ich meditierte also – und schlief ein. Leider hatte ich eine liegende Position zum Üben gewählt, was nicht sehr effektiv war. Einige Jahre später hatte ich in der Yogalehrer-Ausbildung erneut Gelegenheit zum Austesten, diesmal mit mehr innerlicher Bereitschaft und unter qualifizierter Führung. In vier Wochen mit zweimal 30 Minuten Stillsitzen pro Tag und der richtigen Anleitung schaffte ich es nicht nur, den Sinn des Meditierens zu erkennen, sondern auch, eine gewisse Regelmäßigkeit dabei schätzen zu lernen. Ich lernte, meine Gedanken besser zu lenken. Das ist nicht leicht, und es ist ein Prozess, der auf unbeschränkte Zeit angelegt ist – aber glauben Sie mir, so abgehoben und unverständlich es sich zunächst anfühlen muss, so reich werden Sie belohnt werden, wenn Sie sich mit der inneren Stimme näher auseinandersetzen.

Die Kraft der Ruhe: Ab in die Stille! Beim Meditieren geht es nicht um den Körper. Der ist idealerweise möglichst regungslos und soll nur eines tun: Nicht ablenken. Es geht darum, den Geist zu beruhigen und möglichst wenig bis gar nicht zu denken. Die Atmung sollte ebenfalls ruhig und gleichmäßig sein und nur eines tun: nicht ablenken. Ob Sie auf einem Stuhl oder einem Meditationskissen sitzen, die Beine kreuzen, durchstrecken oder anwinkeln, das ist vollkommen egal. Sitzen Sie nur aufrecht, damit Ihre Energie gut fließen kann. Schließen Sie die Augen, um die visuelle Ablenkung auszuschalten. Der Raum um Sie herum sollte möglichst wenig ablenkende Faktoren aufweisen; es ist also ratsam, Handy und Türklingel dabei auszuschalten. Ein paar tiefe Atemzüge zu Beginn der Meditation helfen, die Atmung anschließend loszulassen. Wenn es Ihnen hilft, zünden Sie ein Räucherstäbchen an oder singen Sie dreimal „Om". Wenn Sie in die Stille eintauchen, werden Sie überrascht sein, wie viele Gedanken, Sinneseindrücke und Gefühle mit einem Mal auftauchen. Versuchen Sie, eins nach dem anderen abzuarbeiten,

WER BETET, SPRICHT ZU GOTT. WER MEDITIERT, HÖRT IHM ZU

Der Geist ist wie ein kleines Äffchen: Er schnattert uns ständig Gedanken ins Ohr und versucht, die innere Stimme zu übertönen. Zeit für eine Pause, Monkey Mind!

indem Sie immer nur einen Gedanken, einen Eindruck, ein Gefühl von einer Seite (bei mir ist es rechts) auftauchen lassen und konkret vor das geistige Auge bringen. Dann betrachten Sie, was im Fokus ist – und erkennen das an, ohne weiter darauf einzusteigen. Schicken Sie das Gefühl, den Sinneseindruck, den Gedanken dann nach links weiter. Der Nächste, bitte! Machen Sie derart weiter, bis sich das Tempo des Denkens verlangsamt. Sollten Lücken zwischen den Gedanken auftauchen, fokussieren Sie sich auf die Stelle zwischen den Augenbrauen und stellen Sie sich hier ein helles Licht, vielleicht ein kleines Teelicht, vor. Sehen Sie es einfach nur an. Das ist auch schon alles. Wenn Ihr Wecker klingelt und die Meditation vorbei ist, vertiefen Sie die Atmung und kommen Sie langsam wieder zurück in Ihren Körper und den Raum, indem Sie die Fingerspitzen aneinander reiben, sich strecken und langsam die Augen öffnen. Schreiben Sie Ihre Eindrücke und Erlebnisse auf.

Glücklich sein lässt sich lenken, und Sie allein legen die Storyline in Ihrem persönlichen Glücksfilm fest. Wichtig ist, dass Sie ganz bewusst tief nach innen gehen und nachforschen, was die Quelle für Ihr großes Glück ist. Vielleicht erkennen Sie es, vielleicht bekommen Sie nur einen Vorgeschmack – aber eines ist sicher: Ihr Glückskompass wird dadurch neu justiert.

WER BIN ICH UND WENN JA, WIE VIELE? NEHMEN SIE DIE ERKENNTNISSE AUS DER MEDITATION MIT EINER GEWISSEN GELASSENHEIT!

Wieso eigentlich meditieren? Es gibt vier Kernelemente der Meditation, die das Training des Geistes kennzeichnen. Erstens: Sie werden sich Ihres Körpers, Ihrer Atmung bewusst. Indem Sie stillsitzen und den Körper in einer Pause von Bewegung erfahren, hören Sie intensiver auf das, was in Ihrem Inneren passiert: allem voran auf Atmung und Herzschlag. Zweitens: Meditation verbessert die Selbstwahrnehmung, das Bewusstsein für das Selbst; Sie lernen, sich nicht mit äußeren Gegebenheiten zu identifizieren und erkennen, wer Sie wirklich sind. Drittens: Die Regulierung von Emotionen wird einfacher. Viertens: Meditieren reguliert Ihre Aufmerksamkeit. Sie lernen, sich besser auf etwas zu konzentrieren und wesentlich genauer hinzusehen.

Wenn Sie regelmäßig meditieren, reduziert sich Ihr Stresslevel, und die Großhirnrinde verdickt sich: Ihre graue Masse altert langsamer. Die Stille fördert die Kreativität, stabilisiert Sie emotional und kann sogar gegen Depressionen und Schmerzen wirken. Sie verbessert den Schlaf und last, but not least: Meditierende sind mitfühlendere Menschen. Am besten testen Sie es gleich selbst aus.

Nach innen gehen ist für den Geist so erholsam wie ein tiefer, langer Schlaf. Bereits zehn Minuten täglich gelten als Stresskiller, schützen so auf lange Sicht auch das Herz und sorgen für dauerhafte innere Stabilität.

BESSER NICHTS TUN, ALS ZEIT ZU VERGEUDEN!

DIE TAGESBILANZ

Mein heutiges Mantra

„Guru brahma guru vishnu guru devo mahesvarah, guru saksat param brahma tasmai sri gurave namah."
Bedeutet: „Unsere Schöpfung ist der Guru, auch der Lauf des Lebens. Unsere Prüfungen, Krankheiten, Unglücksfälle und auch der Tod des Körpers ist dieser Guru. Es gibt einen Guru, der uns näher ist als nah und gleichzeitig ferner als fern. Ich widme alle meine Bemühungen diesem Guru, der Dämmerung in de Dunkelheit."

Dieses Mantra wird viel interpretiert. Meine persönliche Deutung sieht so aus: Der Guru, von dem die Rede ist, liegt in uns selbst. Wir tragen einen göttlichen Funken in uns, sind schöpferische Wesen – und damit auch in der Lage, unser eigenes Glück zu schaffen und dieses Leben zu dem schönsten zu machen, das wir je hatten. Lassen Sie sich doch von diesem Gedanken zu Ihrer eigenen Interpretation anregen …

Das Betthupferl

SCHÖNE AUSSICHTEN

WAS SAGT IHR INNERSTES ZU DIESER IDEE?

Wenn Sie sich beim Denken beobachten können, ist es nicht möglich, dass Sie diese Gedanken sind. Dann sind Sie jemand anderes als derjenige, der die Gedanken produziert – denn Sie können ja nicht zwei Personen auf einmal sein. Wer aber ist dann der Beobachter? Können Sie möglicherweise Einfluss auf Ihre Gedanken nehmen? Und wenn ja: Wie würde sich das auf Ihr Leben auswirken?

WELCHE GEDANKEN HATTEN SIE BEI DER HEUTIGEN MEDITATION?

WAS HAT SIE ABGELENKT, WAS BEIM FOKUSSIEREN GEHOLFEN?

VERTRAUEN SIE DER INNEREN STIMME – WENN SICH DAS VERTRAUEN NICHT EINSTELLT, FRAGEN SIE SICH, WORAN ES LIEGT: WAS KÖNNEN SIE TUN, UM DAS ZU ÄNDERN?

Gurus sind die Turbobooster unter den Lehrern. Wenn Sie in Ihrer Nähe oder auf Reisen einen Guru finden, der Ihnen aus dem Herzen spricht, hören Sie gut hin. Nehmen Sie davon die Parts, die Ihnen weiterhelfen, lassen Sie sich eine Weile inspirieren! Dann heißt es loslassen: Nun muss der eigene innere Guru mit dem neuen Input arbeiten. Sie brauchen keinen anderen Menschen, keine Institution, die Ihnen das Glücklichsein beibringt. Sie müssen nur nach innen gehen und den inneren Guru zum Reden bringen. Er wird Sie nie verlassen.

Tag 3

TSCHÜSS, KLAMOTTEN! HELLO HAPPINESS!

Das Teil war teuer. Verdammt teuer sogar. Es gibt aber ein richtiges Problem damit: Ich trage es nicht. Es ist zwar hübsch, aber leider einfach nicht mein Stil. Warum ich es gekauft habe? Keine Ahnung, es sah wohl einfach gut aus, wie es da so im Laden auf dem Kleiderbügel hing. Jetzt hängt es leider unbeachtet in meinem Kleiderschrank. Wird nicht getragen, und nach einem Jahr Dunkelkammer sieht es auch nicht modischer aus. Mein Trost: Das Problem kennt wohl jede Frau. Kleiderleichen im Schrank. Warum solche Stücke nicht sofort rausfliegen? Man könnte sie ja doch nochmal anziehen wollen, für irgendeinen Anlass sind sie bestimmt zu gebrauchen, und ausgerechnet das rosa Top passt doch super zu den weißen Canvas-Supergas ... Die Ausredenliste ist lang, die Liste der auszumistenden Teile aber auch.

Verkalkung im Kleiderschrank

Leider gibt es noch ein wesentlich schwerwiegenderes Problem mit diesen Schrankleichen: Sie schlagen irgend-

Die Schönheit liegt im Auge des Betrachters. In diesem Fall findet mein Sohn das Designerkleid leider nicht so hübsch wie ich. Aber aussortieren? Ich bleibe fair: Es kriegt eine letzte Chance, bevor eBay Zuwachs bekommt.

Wo anfangen, wo aufhören? Ich entscheide nach dem Zufallsprinzip: Da, wo ich stehe, starte ich. Heute mal im Bad

wann aufs Gemüt, ganz unbewusst und unbemerkt. Lagern sich dort ab wie Kalk in den Adern und blockieren langsam, aber stetig unsere Energie im Kopf und auch im Körper. Die Inder nennen das dann „Raga": Der Wunsch nach Konsum, der unseren Geist trübt und den Blick vom Wesentlichen weg lenkt. Tja, da muss ich wohl mal den eisernen Besen rausholen und meinen Schrank in Angriff nehmen ... Wenn das nur so einfach wäre. Ich kann mich weder emotional noch physisch von meinem Jil-Sander-Kleid aus den 1970er-Jahren trennen. Sitze eine halbe Stunde am Esstisch und überlege, wann ich das Kleid das letzte Mal anhatte. Und erinnere mich: Beim Tragen des Schatzes auf einer Vernissage wurde ich von meinem besten Freund als Fledermaus verhöhnt. Dennoch: Wo gibt's denn schon türkis-goldenen Arm- und Halsbesatz auf schwarzer Seide?

Ghostbuster des guten Geschmacks

„Gespenst", meint mein Sohn trocken, als ich das gute Stück dann doch noch einmal vor dem Spiegel trage – um es dann in den hintersten Teil des Kleiderschranks zu verbannen. Aber diesmal läuft sie anders, die Nummer mit Jil Sander: Der Kleiderbügel, auf dem das Prachtstück hängt, ist umgedreht, und ich habe einen Zettel mit Datum von heute draufgepappt. Ein Jahr gebe ich dem Fledermausgewand, um voll neuer Energie aus dem Dunkel zu flattern – und wenn nicht, muss es auf eBay auf eine neue Besitzerin hoffen. Ein Jahr ist eine faire Zeitspanne, um sich ausgiebig zu prüfen und emotional-psychisch auf neue Zeiten einzustellen, finde ich.

Die Poloshirts hingegen fallen mir regelrecht aus dem Schrank entgegen: Die wollte ich schon seit meinem letzten Umzug aussortieren, und dank meiner neuen Spenden-Connection in den Kosovo freue ich mich darüber, dass die Sachen nicht von einer fadenscheinigen Klamottentonne verschluckt und kommerziell verwertet werden, sondern wirklich dort landen, wo man sie gut gebrauchen kann.

KLEIDERSCHRANK:

Hier stapeln sich die Geister der Vergangenheit. Nicht immer schön, aber manchmal preisverdächtig. Vielleicht lässt sich Jil Sanders Gespensternummer auf eBay versilbern? Wir werden's sehen ...

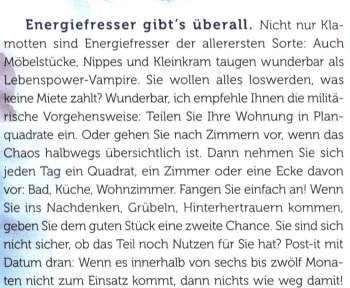

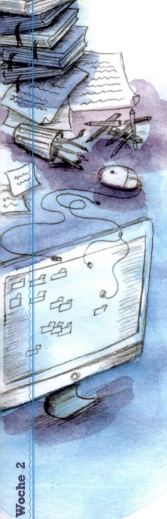

Energiefresser gibt's überall. Nicht nur Klamotten sind Energiefresser der allerersten Sorte: Auch Möbelstücke, Nippes und Kleinkram taugen wunderbar als Lebenspower-Vampire. Sie wollen alles loswerden, was keine Miete zahlt? Wunderbar, ich empfehle Ihnen die militärische Vorgehensweise: Teilen Sie Ihre Wohnung in Planquadrate ein. Oder gehen Sie nach Zimmern vor, wenn das Chaos halbwegs übersichtlich ist. Dann nehmen Sie sich jeden Tag ein Quadrat, ein Zimmer oder eine Ecke davon vor: Bad, Küche, Wohnzimmer. Fangen Sie einfach an! Wenn Sie ins Nachdenken, Grübeln, Hinterhertrauern kommen, geben Sie dem guten Stück eine zweite Chance. Sie sind sich nicht sicher, ob das Teil noch Nutzen für Sie hat? Post-it mit Datum dran: Wenn es innerhalb von sechs bis zwölf Monaten nicht zum Einsatz kommt, dann nichts wie weg damit!

COMPUTER:

Leeren Sie den Papierkorb Ihres Rechners öfter mal aus. Wussten Sie, dass das die Leistung erheblich steigern kann? Dann E-Mails: Alles, was Werbung und Spam ist, wird gelöscht. Dann Konversationen, die älter als X Monate sind. Ebenfalls super: Ab und zu die Cookies vom Rechner löschen. Nicht mehr benutzte Programme ebenfalls. Die Fotos von vor fünf, sechs Jahren gehören auf eine externe Festplatte, nicht auf den aktuell verwendeten Rechner – also runter damit!

Gutes tun! Über Klamotten und warme Sachen, Bettzeug usw. freuen sich vor allem kurz vor Weihnachten viele Hilfsorganisationen. Einige von ihnen kommen bei größeren Mengen auch vorbei und holen die Sachen kostenlos ab. Bücher, die nicht mehr gebraucht werden, landen in Kisten: „Bitte mitnehmen!" Rausstellen, am besten

SOCIAL MEDIA:

Nutzen Sie Facebook beruflich? Dann sollten Sie die Kontakte nicht bereinigen. Für alle Privatnutzer gilt: raus mit den Unbekannten! Das erhöht nicht nur das gute Gefühl, unter Freunden zu sein, sondern schützt auch vor ungewollten Nachrichten und nervigem Einladungsgedöns.

TELEFONBUCH:

„Klingelingeling" macht es genau nicht, wenn Sie den Namen von Alisa Anders hören? Dann nichts wie raus damit aus dem Telefonbuch. Das ist eine sehr schöne Beschäftigung für lange Fahrten mit der Bahn oder öffentlichen Verkehrsmitteln; man kann sogar nebenbei noch Musik hören.

vor einem Geschäft platzieren, Schild daran und fertig. Oder Sie machen sich ein Hobby daraus, Bücher um die Welt zu schicken: Einfach eine Notiz reinschreiben mit der Bitte, das Buch nach dem Lesen weiterzuverschenken. Lassen Sie dann das Buch in der S- oder U-Bahn, am Bahnhof oder am Flughafen liegen – und freuen Sie sich, anderen damit eine Freude und sich selbst energetische Erleichterung und Reinigung verschafft zu haben. Nett ist es, wenn Sie die Mailadresse reinschreiben und irgendwann unerwartet Post bekommen. Ausprobieren!

Wer ist eigentlich Paul? Auch Karteileichen sollten Sie loslassen lernen. Etwa dreimal im Jahr bekomme ich einen Kontakte-Ausmist-Rappel und verspüre das dringende Bedürfnis, mich von zu vielen Businesscards, überflüssigen E-Mails und Telefonnummern ohne Gesicht dahinter zu befreien. Dann möchte ich durchatmen, Raum schaffen, die ganzen Karteileichen aus meinem Leben befördern. Und wissen Sie was? Es tut gut. Fühlt sich in etwa so an, wie nach dem dritten Urlaubstag endlich aufs Klo gehen zu können. Sieht aber besser aus: clean, leicht, aufgeräumt. Und das Beste daran: Es schafft Raum im Kopf. Offenheit für neue Ideen, Leichtigkeit im Geiste und zusammen mit den Klamotten, die rausfliegen, jede Menge Platz im Kleiderschrank. Dass ich höchstwahrscheinlich bald wieder neue Sportklamotten hineinstopfen werde und das Ding nach einem halben Jahr wieder überquillt, verdränge ich im Rausch der Leichtigkeit erst mal ein paar Tage. Und ich merke: Je leichter, unbeschwerter und klarer es in meiner Umgebung aussieht, desto stärker und glücklicher fühle ich mich.

KOSMETIKA:

Wussten Sie, dass Cremes schlecht werden können und danach keineswegs positive Wirkungen auf das Hautbild haben? Die Haltbarkeit ist auf den meisten Tiegeln und Tuben angegeben – und wenn nicht: Wann haben Sie es zuletzt benutzt? Wissen Sie, wozu es eigentlich gut ist? Nein? Tonne!

DIE TAGESBILANZ

Jedes Stück, das Sie besitzen, ist energetisch mit Ihnen verbunden – bis Sie es wieder loslassen und aus Ihrem Besitz entlassen. Dann wird die gebundene Energie für etwas Neues frei, vielleicht an ganz anderer Stelle.

Das Betthupferl

WIE ENTRÜMPELE ICH AM BESTEN?

Sehen Sie sich um! Große Dinge fliegen zuerst raus: Das Erbstück von Tante Anna sollte nicht in Ihrer Wohnung, Ihrem Energiefeld und Ihrem Alltag Platz nehmen, wenn es Ihnen nicht gefällt. Es schadet Ihnen sonst mehr, als das es nützt. Nach den großen sind die ganz kleinen Dinge gute Spontan-Entrümpelungsopfer: kaputte Dinge, Teile ohne Zuordnung, doppelte Büroartikel und so weiter.

Fragen Sie sich:
Was brauche ich wirklich?

- Meditieren Sie darüber. Werden Sie dieses eine spezielle Stück wirklich noch benötigen oder gar vermissen? Oder ist es pure Nostalgie, die Sie zeitgleich mit dem Teil in die Wüste schicken könnten?
- Überlegen Sie, welche Einrichtungen Sie unterstützen wollen mit den Dingen, die Sie im Überfluss haben, manche Menschen aber gar nicht besitzen.
- Achten Sie auf lokale Spendenaktionen um die Weihnachtszeit.
- Gehen Sie auch mal ungewöhnliche Wege: Es gibt ein Kinderheim, Altenheim, ein Pflegeheim um die Ecke? Fragen Sie nach, was benötigt wird!
- Bitten Sie Partner, Freunde und Verwandte um eine zweite Meinung, wenn Sie unsicher sind. Sie sollen nichts vermissen, was Sie loslassen!

Notieren Sie:

Was kann ich locker loslassen?	Wo fällt mir das Loslassen schwer?	Warum fällt es mir schwer?	Wenn ich es loslasse: Verändere ich möglicherweise die Situation eines anderen Menschen positiv?	Brauche ich das, was ich gerade nicht loslassen kann, wirklich? Seien Sie ehrlich zu sich selbst!
1.	2.	3.	4.	5.

Tag 4
ENERGIZERMOVES: NEUE POWER TANKEN

Entrümpeln kostet Kraft. Erst einmal. Aber dann! Dann kommt die neue Power. Das nennt sich im Sport Superkompensation: Die Erholung über den Ausgangspunkt hinaus. Sie werden fitter. Genau so verhält es sich beim folgenden Mini-Training: Sie dürfen sich jetzt körperlich komplett auspowern und dann in der anschließenden Ruhephase neue Kraft und viel Energie tanken. Etwa zwei Tage später werden Sie merken, wie gut Ihnen das kleine Powertraining getan hat – und vielleicht zu der Erkenntnis kommen, dass Sie das ruhig öfter tun sollten. Kopf und Körper hängen viel stärker zusammen, als man vielleicht vermutet: Energetisch betrachtet ist das Kopfchakra das oberste einer Chakra-Kette, und dessen Funktionsfähigkeit ist von allen untergeordneten Chakras abhängig. Physikalisch betrachtet stimmt das auch: Die Blutqualität ist stark von Leber- und Herzleistung abhängig – und das Gehirn ist ja der erste Mann in der Versorgungskette, kriegt also die besten Häppchen vom Nahrungs- und Bewegungskuchen ab. Mens sana in corpore sano. Legen Sie los!

> BEWEGUNG VERBESSERT DIE BLUTWERTE UND STÄRKT DEN KÖRPER. DAS KOMMT AUCH DEM GEHIRN ZUGUTE

1a Schersprung
Großen Ausfallschritt mit rechts nach vorn, Knie und Arme beugen, rechten Arm vor und linken zurück.

1b
Zum Sprung hochdrücken, in der Luft Beine und Arme wechseln. Arme mitnehmen. 2 Minuten im Wechsel.

2a Power-Jump
Großen Ausfallschritt mit rechts, linkes Bein strecken. Linken Arm vor, rechten Arm nach hinten strecken.

2b
Mit rechts hochspringen, linkes Knie nach vorn und oben ziehen, Arme mitnehmen. 1 Minute je Seite.

3a Body-Twist
Großen Ausfallschritt mit rechts nach vorn, Knie und Arme beugen, rechten Arm vor und linken zurück.

3b
Mit beiden Beinen kraftvoll hochdrücken, Oberkörper strecken. Einen 90-Grad-Sprung nach links machen.

3c
Fußballen zuerst auf den Boden setzen und zu den Fersen abrollen, Knie beugen. 2 Minuten im Wechsel.

4a Jumping Jack
Beine schließen, Gewicht auf die Fersen. Bauch und Rücken anspannen, Arme auf Schulterhöhe ausstrecken.

4b
Zu einem Sprung hochdrücken, dabei Beine grätschen und Arme über dem Kopf zusammenbringen. 2 Minuten.

5a High-Jump
Beine geschlossen halten, Knie tief beugen, Oberkörper leicht nach vorn beugen, Arme nach vorn ausstrecken.

5b
Bauch- und Rückenmuskulatur anspannen, Oberkörper tiefer beugen und Arme gestreckt nach hinten schwingen.

5c
Arme nach vorn und oben schwingen. Zu einem Sprung hochdrücken, dabei Beine ausstrecken. 1 Minute.

DIE TAGESBILANZ

Geisteskraft
Eine verbesserte Durchblutung hält den Kopf fit: Das Blut enthält mehr Sauerstoff, fließt leichter. Konzentration fällt nach körperlicher Anstrengung ebenfalls leichter. Sport ist also auch Kopfsache!

Seelenenergie
Sport hat einen hohen Feel-good-Faktor: Wer sich auspowert, sorgt für Glückshormone im Körper, kann sich anschließend besser entspannen und die Seele besser baumeln lassen.

Das Betthupferl
ENERGIEMOMENTE

Bei welchen Power-Sportarten geben Sie am liebsten Gas?

Wie oft pro Woche können Sie eine Power-Einheit einplanen?

Mit wem sporteln Sie am liebsten?
Schreiben Sie mindestens drei SportsfreundInnen auf!

Tag 5

ES LEBE DIE LEICHTIGKEIT – WIE SIE ENERGIEFRESSERN DEN STECKER ZIEHEN

SEHEN SIE HIN – UND ERKENNEN SIE DIE ENERGIEVAMPIRE IN IHREM UMFELD!

Alles, was sich in Ihrem Besitz (ob geistig oder physisch spielt keine Rolle) befindet, zapft ständig Ihre Energiereserven an: Wie Elektrogeräte im Stand-by-Modus ziehen die Sachen Ihnen Strom ab. Das kann sich in Müdigkeit oder Abgeschlagenheit äußern – oder in einem Nicht-Fokussieren-Können, einer nebligen Unklarheit, die es Ihnen unmöglich macht, sich zu konzentrieren oder eine Sache komplett durchzuziehen. Die Gefühle „Ich weiß nicht, was ich will" und auch „Mir ist alles zu viel" gehören ebenfalls zu großen Teilen in diese Schublade. Hört sich das bekannt an?

Energy unplugged. Ziehen Sie diesen Energiefressern endlich den Stecker! So bleibt mehr Power bei Ihnen, die Sie für andere Dinge nutzen können. Außerdem kappen Sie dadurch auch die energetischen Verbindungen zu den Wesen, die außer Ihnen noch an diesem Energiesaugernetz hängen. Bei Fotos beispielsweise sind alle abgebildeten Personen energetisch einbezogen; wundern Sie sich also nicht, wenn der lästige Ex, der gern nachts betrunken anrief, genau das nicht mehr tun wird, wenn Sie ihn energetisch mitsamt allen Bildern, Briefen und der uralten getrockneten Rose zusammen entsorgt haben. Er hängt dann schlicht nicht mehr in Ihrem Versorgungsnetz und ist abgenabelt, ob er das will oder nicht. Auf Ihren eigenen Willen kommt es an, denn über den kann nichts und niemand drüberbügeln. Keine Voodoo-Kultur, kein schwarzmagischer Zauber und auch sonst nichts: Der freie Wille ist unantastbar, Sie müssen ihn nur für sich beanspruchen und dieses Recht geltend machen! Das gilt übrigens auch umgekehrt: Der Wille einer anderen Person steht ihrem Willen entgegen? Erkennen Sie, dass die Schlacht verloren ist. Nur wenn zwei Personen sich einig sind, kann energetisch eine dauerhafte und gegenseitige Verbindung zustande kommen.

Erste Schritte zur neuen Power. Einen Kleiderschrank aufzuräumen, ist relativ leicht. Aber es gibt Bereiche in Ihrem Leben, da kann man keine Türen aufschieben, Dinge herausnehmen und mit einem wehmütigen, aber relativ gelassenen Gefühl weggeben. Diese Bereiche liegen so tief in Ihnen, dass es schwer ist, überhaupt an die Türen vorzudringen. Ich meine damit Ihre Gefühle. An vorderster Front: Selbstliebe und Mitgefühl.

Türstopper auf dem Weg zum Herzen. Es liest und spricht sich leicht darüber, aber ganz häufig sind genau diese Bereiche die Hemmnisse auf dem Weg zum dauerhaften Glück. Wer sich selbst nicht ausreichend schätzt, wird es im Berufsleben, aber auch in puncto Beziehungen, schwer haben. Mangelndes Mitgefühl führt häufig dazu, dass man sich allein fühlt; es ist ganz häufig auch mit einem Mangel an Selbstliebe gekoppelt. Deswegen möchte ich Ihnen die Vorarbeit auf dem Weg zur inneren Einkehr erleichtern: Mit dem folgenden Leitfaden fürs „Entrümpeln von innen" gehen Sie zwar nicht zwingend sofort ans Eingemachte, aber Sie bereiten den Weg vor, damit Ihnen keine Steine vor die Füße rollen, wenn Sie loslegen wollen. Genauso wie ein übervoller Kleiderschrank kann auch eine überladene Psyche überlaufen wie ein Glas, in das man nicht aufhört, nachzugießen. Deswegen: Stecker ziehen, loslassen lernen!

TRAUERARBEIT
Sie leiden heute noch unter dem Verlust eines geliebten Wesens? Entscheiden Sie: Brauche ich professionelle Hilfe oder kann ich mit einem Loslass-Ritual möglicherweise abschließen?

Let's go! Legen Sie zuerst einen Tag fest, an dem Sie Ihre innerliche Befreiungsaktion starten wollen, am besten im Urlaub oder an einem Samstag. So haben Sie hinterher noch etwas Zeit, um die neue Situation wirken zu lassen und müssen nicht gehetzt zum nächsten Punkt auf der Tagesordnung übergehen. Legen Sie ein Zeitfenster fest. An das sollten Sie sich auch halten: Zwei Stunden sind bei der ersten „Innenrunde" meistens mehr als genug. Suchen Sie sich einen gemütlichen Platz in Ihrer Wohnung, und bereiten Sie Ihre Entrümpelung von innen gut vor. Eine große Tasse Tee, eine Kerze, vielleicht ein Räucherstäbchen bringen Sie in die richtige Stimmung. Handy und Co. haben jetzt Sendepause, sind bestenfalls ausgeschaltet. Sie brauchen nur noch einen Block und einen Stift bereitzulegen – und schon kann's losgehen. Meditieren Sie für zehn Minuten, und versuchen Sie dabei, sich nicht an einem Gedanken festzubeißen. Konzentrieren Sie sich auf den Punkt zwischen den Augenbrauen. Wenn die zehn Minuten vorbei sind, öffnen Sie sanft die Augen und geben Sie sich ein paar Sekunden Zeit.

BÜROKRAM
Die unerledigte Buchhaltung, die nicht gemachte Steuererklärung belasten Sie? Datum festlegen, abarbeiten! Es wird nicht besser, wenn Sie diese Dinge weiterhin liegen lassen!

Schreiben Sie dann auf:

1. **Welche vergangenen Erlebnisse beschäftigen mich heute noch sehr?**
2. **Welche Personen aus meiner Vergangenheit und der Gegenwart gibt es, mit denen ich abschließen sollte?**
3. **Gibt es emotional aufgeladene Gegenstände in meiner Wohnung (inklusive Keller!), von denen ich mich verabschieden möchte, es aber bisher nicht geschafft habe?**

TRAUMATA
Der Jobverlust, ein Sternenkind, gesundheitliche Probleme, ein Unfall: Es gibt viele Situationen und Umstände, die Ihre Psyche strapazieren und Sie unbewusst auf negatives Denken polen können. Spüren Sie in sich hinein: Sind Sie bereit, Ihr Herz zu heilen?

Vom Leichten zum Schweren. Sehen Sie Ihre Liste an und numerieren Sie durch: Mit der „1" markieren

Sie die leichteste Aufgabe. Die Liste ist lang? Nicht grübeln, legen Sie mit der leichtesten Aufgabe los. Versuchen Sie, für sich passende Lösungen zu erarbeiten. Alte Briefe und Fotos häckseln, Kleinkram aussortieren oder ein Loslass-Ritual für eine bestimmte Person zu machen, das sind alles Möglichkeiten, die Ihnen beim inneren Hausputz helfen. Wie wäre es mit etwas Ho'oponopono? Sie können sich auch Ihr ganz eigenes Ritual basteln. Manche Menschen schreiben Ihre negativen Erlebnisse und Gefühle auf und verbrennen sie dann rituell – oder meditieren darüber. Manchmal kann auch ein Anruf bei der Person, die Sie verletzt oder verärgert hat, sehr klärend wirken. Vielleicht fühlen Sie sich danach komplett erschöpft, denn es kostet tatsächlich sehr viel Energie, sich von alten Strukturen und jahrelang aufbewahrten Gegenständen vollständig und dauerhaft zu befreien – aber das Gefühl, das Sie dadurch bekommen werden, ist unbezahlbar! Ich gehe sogar so weit, es als einen euphorischen Zustand zu bezeichnen.

STIMMUNGSKILLER

Wer Ihnen nicht guttut, sollte keinen Platz in Ihrem Leben haben. Überlegen Sie, wem Sie in Zukunft Ihre wertvolle Lebenszeit und Ihre strahlende Gegenwart schenken wollen – und wem lieber nicht.

SCHRIFTSTÜCKE

Alte Liebesbriefe, vergilbte Fotos, uralter Krimskrams: Erinnerungen sind unbezahlbar. Sortieren Sie aus: Woran hängt Ihr Herz – und woran vielleicht nur das schlechte Gewissen?

Leichten Mutes auf ins Glück. Manchmal kann das Schwere auch ganz leicht sein. Mitunter fühlt sich Schweres einfach auch nur schwer an, weil Sie es nicht schaffen, hinzusehen. Sie tricksen sich sozusagen selbst aus, legen den Schweinehund als Wächter vor das Problem und machen es eigentlich unsichtbar. Dann sehen Sie nur den Schweinehund und wissen: Ich sollte, ich müsste, ich wollte doch … Mein Lieblingsbeispiel dafür ist die Buchhaltung, weil mein Schweinehund vor ihr immer ausgiebig Pause macht und mich einfach nicht 'ranlässt an die Zettelchen, Kontoauszüge und Rechnungen. Zuallererst: Sehen Sie hin! Erkennen Sie, dass das Chaos, das da schwer auf Ihnen lastet, eigentlich nur ein Haufen leichtes Papier ist. Und dann: Gehen Sie es an! Terminkalender raus und zack, schon haben Sie einen Termin mit sich selbst und der Buchhaltung, der Steuer oder was auch immer gemacht. Geht doch! Dann kicken Sie den Schweinehund, das alte Mistviech, mit Schwung zur Seite und setzen sich hin. Wetten, dass Sie danach gute Laune haben?

DIE TAGESBILANZ

„Halte nie an etwas fest. An etwas festzuhalten ist der Grund unserer Unbewusstheit"

– Osho

Das Betthupferl

WHAT A FEELING ...

Notieren Sie:

WAS KONNTEN SIE HEUTE
GANZ LEICHT LOSLASSEN?

WAS SIND IHRE GRÖSSTEN BAUSTELLEN,
WAS KÖNNEN SIE NOCH NICHT SO GUT LOSLASSEN?

WAS SIND IHRE GRÖSSTEN
LOSLASS-TRIUMPHE DES HEUTIGEN TAGES?

WIE FÜHLEN SIE SICH JETZT?

SCHREIBEN SIE NACH EINER WOCHE AUF:
WIE FÜHLEN SIE SICH JETZT, WAS HAT SICH
DURCH DAS LOSLASSEN FÜR SIE VERÄNDERT?

Tag 6

MANIFESTIEREN: DIE ARCHITEKTUR DER ACHTSAMKEIT

Am Anfang war das Wort – erinnern Sie sich? Schon in der Bibel wird erläutert, wie der liebe Gott – nennen Sie ihn Allah, das Universum oder Horst – die Sache mit der Schöpfung eigentlich meint. Was in Ihrem Kopf auch entsteht, jeder einzelne Gedanke hat das Potenzial, nicht nur Ihre, sondern die ganze Welt zu verändern. Sie müssen es nur glauben. Und genau hierin liegt das Problem. Aber zurück zum Gedanken: Was Sie glücklich machen würde, wissen Sie, es ist in Ihrem Kopf als meistens nicht eingetretene oder unerreichbare Möglichkeit abgespeichert. Vom Kopf aus geht's dann im Schöpfungsprozess an die Tür: Das Mundwerk verkündet, tut seine Absichten kund. Wenn Sie ein Haus bauen, ist es genauso: Sie wollen zuerst bauen, dann fangen Sie an darüber zu sprechen, Preise und Bedingungen auszuhandeln – und schließlich kommt die Manifestation, die Umsetzung des Ganzen. Das ist dann die Schöpfung.

Ponyhof oder militärische Operation? Die Märchen vom Ponyhof haben mit echter Manifestation nichts zu tun, denn richtig manifestieren bedeutet harte

„MAN MUSS SICH ETWAS NUR GANZ FEST WÜNSCHEN, DANN WIRD ES WIRKLICHKEIT." WENN SIE EINE ANLEITUNG DIESER ART ERWARTEN, MUSS ICH SIE LEIDER ENTTÄUSCHEN

Arbeit und ist keinesfalls ein entspannter Kindergeburtstag. Warum Sie diese Technik unbedingt lernen sollten? Ganz einfach: Es gibt kein besseres, effektiveres und stärkeres Mittel, um im Leben das zu erreichen, was Sie möchten – und um glücklich damit zu sein. Nur wenn Sie selbst das Heft in die Hand nehmen, die Verantwortung für die Architektur Ihres Lebens zuerst erkennen und anschließend selbst der Baumeister werden, bekommen Sie letzten Endes die Kontrolle über das, was in Ihrem Leben passiert. Zuerst kommt der kreative, fantasievolle und sehr spannende Teil des Manifestierens: Setzen Sie sich hin, und überlegen Sie in aller Ruhe, welche drei Ziele in Ihrem Leben die höchsten, besten, erstrebenswertesten Ziele sind, die Sie sich vorstellen können. Ein berufliches, ein privates und ein persönliches Ziel sollten Sie so definieren. Schreiben Sie diese auf! Scheuen Sie sich nicht, unerreichbar erscheinende Dinge aufzuschreiben. Prüfen Sie Ihre Ziele dann auf drei Punkte: Stehen Ihre Ziele dem freien Willen anderer Menschen direkt und unübersehbar entgegen? Sind die Ziele mit ethischen und moralischen Grundsätzen zu vereinbaren? Geschäftsführer eines Bordells zu sein, mag seine Reize haben, aber das Universum – Sie wissen schon … Die letzte Hintergrundfrage bezieht sich auf Sie und Ihr Herz: Ist das formulierte Ziel wirklich ein Herzenswunsch?

Ihre persönliche Hitliste des Lebens.

Legen Sie dann die Reihenfolge der Wunschliste fest: Was ist Ihnen am nächsten, am wichtigsten? Das ist der Wunsch Nummer eins. Der Rest ist militärische Kriegsführung: Legen Sie einen realistischen Zeitplan fest, in dem Ihre Manifestation eintreffen soll. Bedenken Sie dabei, dass es genau wie bei einem Hausbau ist: Große Träume dauern etwas länger, kleine etwas kürzer. Dann können Sie sich an die erste große Aufgabe machen und damit beginnen, Ihre Schöpferkraft zu aktivieren. Nehmen Sie sich ein großes Blatt Papier und malen, schreiben, zeichnen Sie auf, was Sie sich wünschen. Seien Sie dabei sehr detailverliebt, stellen Sie sich das Gefühl dazu vor, das Aussehen, den

Geruch, die Einzelheiten. Seien Sie so präzise und realistisch wie möglich. Nehmen Sie sich ein paar Minuten Zeit, um das Endergebnis vor das geistige Auge zu holen und dort lebendig werden zu lassen. Stellen Sie sich wieder alles so genau wie möglich vor, und gehen Sie so sehr ins Detail, wie es Ihre Fantasie zulässt. Vermeiden Sie dabei unbedingt negative Gedanken! Ich schreibe Ihnen diese hier erst gar nicht auf, sonst verhält es sich wie mit dem rosa Elefanten, an den man keinesfalls denken soll und der dann unweigerlich vor dem geistigen Auge auftaucht.

Think big! Sie haben große Ziele? Haben Sie keine Angst davor! Sie dürfen sich gern richtig viel Zeit beim Ausmalen der geistigen Bilder lassen. Etwas Motivation gefällig? Bitte sehr: Ein Bekannter beispielsweise war Wehrdienstleistender und hatte keine Ahnung von Manifestation, als er diese aus lauter Langeweile bei seinen Nachtschichten auf dem Wachposten einsetzte. Er stammte aus armen Verhältnissen und hatte nur noch drei Wochen Wehrdienst abzuleisten. Er malte sich sein Lieblingsauto, einen weißen Porsche, vor dem geistigen Auge detailgetreu aus und konnte das Öl und das Benzin des Wagens förmlich riechen. Jede Schraube des Autos war ihm bekannt, er konnte das Leder der Sitze fühlen und sehen, und er wusste, wie sich der Wagen beim Fahren verhielt.

Nachdem er den Wehrdienst beendet hatte, bekam er unerwartet ein tolles Jobangebot und fuhr wenige Wochen später den Wagen seiner Träume. Innerhalb kurzer Zeit wurde ihm klar, welche Macht seine Gedanken haben konnten, und er wurde ein sehr erfolgreicher Geschäftsmann mit einem sehr klaren Blick fürs Detail. Glauben Sie nicht? Ich kann Ihnen nur versichern, dass ich höchstpersönlich in seinem Auto saß (nicht dem allerersten, aber dem etwa zehnten Folgewagen) und dass es mich derart beeindruckt hat, dass ich seine Techniken seitdem mit ziemlich guten Erfolgen anwende. Probieren Sie es doch einfach aus, es gibt nichts zu verlieren! Ihrem Mann und der besten Freundin brauchen Sie es ja nicht gleich auf die Nase zu binden, wenn Ihnen die Sache peinlich sein sollte.

> WÜNSCHEN SIE NIEMANDEM DEN TOD ODER DIE PEST AN DEN HALS, UND NEHMEN SIE VON NEGATIVEN FORMULIERUNGEN ABSTAND, DENN DAS UNIVERSUM IST ÄUSSERST GERECHT UND SCHICKT IHNEN WOMÖGLICH SELBIGES AUF DEN HALS

BERUFLICH, PRIVAT, PERSÖNLICH: WIE LAUTEN IHRE GROSSEN GLÜCKS-ZIELE IM LEBEN?

Vertrauen Sie dem Leben! Im nächsten Schritt geht es darum, dem Leben etwas Vertrauen zu schenken. Sie müssen Ihre Absicht schärfen, um wirklich gute Erfolge im Manifestieren zu erreichen. Es ist sehr, sehr wichtig, dass Ihre Ziele nicht nur Ihnen, sondern auch dem großen Ganzen dienlich sind. Überprüfen Sie das, und rücken Sie es zurecht, wenn das nicht der Fall ist. Sie wünschen sich persönlichen Erfolg im Beruf, einen bestimmten Posten bei einer Firma? Fügen Sie hinzu, dass Sie dem großen Ganzen dienen werden, indem Sie den Prozentsatz X des Umsatzes jedes Jahr an eine wohltätige Stiftung spenden und im Erfolgsfall eine Schule, PETA oder Greenpeace unterstützen.

Sie dürfen kreativ sein, doch bleiben Sie Ihren Wertvorstellungen treu. Eine Spende für die Waffenzulieferer wäre nicht ganz so geschickt; das Universum, der große Gott oder wie auch immer Sie die höhere Macht taufen, wäre sicher nicht entzückt darüber.

WENN IHR WUNSCH MONETÄRER ART IST, VERGESSEN SIE BITTE NICHT, DAS VORZEICHEN AUF DEM KONTO UND DIE WÄHRUNG EINZUBEZIEHEN!

Last but not least ... Prima, nun sind Sie bereit für den dritten und letzten, aber auch den schwersten Schritt: das Loslassen. Sie haben manifestiert, ausformuliert, dem Wohle aller zugesprochen und sind guter Hoffnung. Jetzt müssen Sie den Wunsch loslassen. Das bedeutet, dass Sie nicht mehr daran herumschrauben, nichts mehr abwandeln und ihn wie eine geschriebene Mathearbeit beim Klassenlehrer abgeben. An der Note können Sie jetzt nichts mehr ändern. Dann müssen Sie eigentlich nichts mehr tun, außer eine innere Sicherheit aufzubauen: Der Tag X wird kommen, an dem Ihre Manifestation eintritt. Haben Sie ein Datum fixiert?

Ein Tipp dazu: Meistens ist eine Zeitspanne besser als ein präzises Datum. Eine Woche ist also besser als ein einzelner Tag. Nur zu lang sollte die Zeitspanne nicht sein, damit sich Ihr unerschütterlicher, fester Glaube an den Eintritt des Ereignisses nicht in heiße Luft auflöst. Betrachten Sie die ganze Zeit über Ihre Manifestation als bereits eingetroffen, und fühlen Sie in sich hinein, leben Sie dieses Gefühl.

DIE TAGESBILANZ

„Das Wahre ist gottähnlich; es erscheint nicht unmittelbar, wir müssen es in seinen Manifestationen erraten."

– Johann Wolfgang von Goethe

Das Betthupferl

DAS MANIFESTATIONS-MENÜ

Schreiben Sie drei Ziele auf: persönlich, beruflich, privat.

Notieren Sie: Wie weit sind Sie heute im Manifestationsprozess gekommen?

Haben Sie gemalt, gezeichnet, geschrieben? Wunderbar, hängen Sie das Werk auf, bis Sie für den Schritt des Loslassens bereit sind!

Tag 1

LOCKER AUS DER HÜFTE: WENIGER STRESS!

Stress im Büro? Flucht! Das ist jedenfalls der erste Reflex, den der Körper signalisiert, wenn Sie ins hormonelle Kreuzfeuer von Adrenalin und Co. geraten. Die Muskeln ziehen sich zusammen, machen sich bereit zur Flucht – und verkürzen. Wenn Sie dann noch über einen längeren Zeitraum unter Druck stehen und zum Ausgleich fluchtartige Fitnessprogramme absolvieren (allen voran Radfahren, dicht gefolgt von Jogging, Stepper- und Crosstrainer-Laufen), dann zieht es die Hüftbeugemuskeln fest zusammen.

Das Resultat: Sie speichern den Stress zum einen in der Muskulatur, zum anderen sorgen die verkürzten Hüftbeuger auch ganz gern für Rückenprobleme oder täuschen durch die Beckenkippung ein Bäuchlein an, wo eigentlich gar keines ist. In allen Fällen macht eine verkürzte Hüftbeugemuskulatur eines: Es wird unmöglich, richtig zu entspannen, loszulassen und sich den Mußestunden des Lebens hinzugeben. Damit Sie sich wieder lockermachen können, finden Sie heute zwei effektive Stretches im Programm.

> MUSKELN HABEN DEHNSUCHT! STREICHEN SIE REGELMÄSSIG, VERBESSERT SICH AUCH DIE HALTUNG

1a Hüftdehnung

Setzen Sie sich gerade auf den Boden, Bauch und Beckenboden leicht aktivieren. Beugen Sie dann beide Beine. Die Wirbelsäule aufrecht halten und die Sitzknochen in den Boden drücken. Den rechten Unterschenkel vor dem linken kreuzen und den linken Unterschenkel gerade ausrichten. Die Arme eng neben dem Körper zum Boden hin ausstrecken.

1b

Den Oberkörper nochmal bewusst aufrichten und den Beckenboden aktivieren. Beide Sitzknochen in den Boden drücken und den Oberkörper aus der Hüfte heraus so weit wie möglich nach vorn neigen, dabei die Hände vor den Beinen austrecken, Handflächen in den Boden drücken. Kopf locker lassen, 3 Atemzüge halten, dann die Seite wechseln.

2a Bein-Stretch

In der Rückenlage beginnen. Beide Beine beugen und die Füße flach auf den Boden stellen. Zwischen den Knien etwa eine Handbreit Abstand halten. Schultern locker auf dem Boden ablegen. Das rechte Bein heranziehen und mit beiden Händen den Oberschenkel greifen, das Knie zur Brust ziehen. 2 Atemzüge lang halten.

2b

Lösen Sie dann die Hände nacheinander und greifen Sie mit der rechten Hand den rechten Fuß von außen. Den linken Arm seitlich neben dem Körper ausstrecken. Ziehen Sie das Knie so gut es geht seitlich neben den Körper und versuchen Sie, die linke Hüfthälfte weiterhin auf dem Boden zu halten. 3 Atemzüge lang, dann lösen und die Seite wechseln.

DIE TAGESBILANZ

Geschmeidige Hüften sorgen für ein **niedrigeres Stresslevel** und merzen viele Haltungsfehler aus.

Das Betthupferl

SIND SIE GESTRESST? EINE SELBSTREFLEKTION

Wie sieht's im Job aus? Fluchtgedanken?

Ja? Was können Sie tun,
damit sich das bald ändert?

Und daheim, alles locker?
Oder auch Adrenalin extrem?

Was können Sie tun, um weniger Stress
im Rückzugsgebiet zu verspüren?

Woche 3

SCHLUSS MIT DEM MINDFUCK!
WACHEN SIE AUF AUS DEN FALSCHEN DENKMUSTERN, UND PROGRAMMIEREN SIE IHREN GEIST UM

Steter Tropfen höhlt den Stein: Das ist mit Denkmustern und Glaubenssätzen nicht anders. Was Sie denken, wird sich manifestieren und als äußerer Umstand, Situation, materieller Gegenstand zu Ihnen kommen. Denken Sie also, dass Sie nicht erfolgreich sind, sich etwas nicht leisten können, kein Glück in der Liebe haben und benachteiligt sind, meißelt sich das in Ihr energetisches System ein. Das äußert sich in Ihrer Ausstrahlung, ganz wortwörtlich: Die Schwingungen, die von Ihnen ausgehen, werden diese Frequenz aussenden, und das Leben wird nach dem Gesetz der Resonanz das zu Ihnen schicken, was Sie sich scheinbar wünschen.

SELBSTSABOTAGE STOPPEN, SELBSTBEWUSSTSEIN AUFBAUEN

Sie sind wie ein Radiosender und senden auf einer bestimmten Wellenlänge. Nur die Hörer, die diese Frequenz bewusst einschalten, können überhaupt auf Ihre Durchsagen reagieren, der Rest hört Sie erst gar nicht! Hier können Sie ganz gezielt an sich arbeiten, um die Wellenlänge zu wechseln und in eine positive Schwingungsfrequenz zu kommen. Je sensibler Sie für die Macht der Gedanken und ihren Ausprägungen sind, desto stärker werden Sie feststellen, dass das Universum das Wörtchen „nicht" nicht kennt. Denken Sie also „Ich will nicht mehr ausgenutzt werden", programmieren Sie die Reaktion auf „ausgenutzt werden" – und erreichen das Gegenteil von dem, was Sie eigentlich möchten. Sind Sie aber umprogrammiert und befinden sich schließlich in einem positiven Schwingungsfeld, können Sie die komplette Bandbreite der Manifestationskraft erfahren, die in Ihnen steckt.

Diese Woche können Sie genau da ansetzen, indem Sie sich bewusst machen, welche Denkfehler besonders offensichtlich sind und Sie am Glücklichsein hindern. Entscheiden Sie sich dazu, ein „Jasager" zu werden und das Leben durch die positive Brille zu betrachten, sind Sie Ihrem Glück schon sehr nah. Das heißt weder, dass Sie im Wolkenkuckucksheim wohnen sollen, noch dass Sie naiv durchs Leben gehen müssen: Es bedeutet nur, die Gesetze von Ursache und Wirkung ernst zu nehmen und diese für sich zu nutzen.

Um sich einen kleinen Ruck zu geben – und dem Schweinehund einen Tritt zu verpassen – können Sie sich mit zwei speziellen Workouts diese Woche auspowern und neue Kraft tanken. Sie setzen sich mit Ihren innersten Wünschen und Zielen auseinander und halten diese in einem Lebensplan mit Zeitzielen schriftlich fest. Für die Umsetzung – Schritt für Schritt – gibt es einen sehr konkreten Manifestationsplan: Hier sehen Sie, wie Sie denken sollten, um effektiv und schnell Ergebnisse zu sehen. Die nötige Gelassenheit und den entsprechenden Fokus finden Sie bei den gezeigten Atem- und Dehnübungen. Sind Sie bereit für diese intensiven Schritte? Dann los!

Tag 1 SELBSTSABOTAGE STOPPEN

Tag 2 KICK DEN SCHWEINEHUND!

Tag 3 ZIELE SETZEN, GANZ KONKRET

Tag 4 NEUE KRAFT SCHÖPFEN

Tag 5 STEP BY STEP: ZIELE ERREICHEN

Tag 6 ENERGIE DURCH ATMUNG

Tag 7 ECHTE FEELGOOD-DEHNUNGEN

YES SAG JA!

Tag 1

EIN PLÄDOYER FÜR DEN MUT: STOPPEN SIE DIE SELBSTSABOTAGE!

Was Ihnen in der Kindheit eingetrichtert wurde, ist besonders schwer wieder von der Festplatte zu löschen: „Du hast ein Hohlkreuz, du kannst nicht tanzen." Das wurde mir in der Vorschuluntersuchung diagnostiziert. Glücklicherweise war mir das eher ein Ansporn. Während Klein-Nina also einen Trotzkopf entwickelte und alles daran setzte, trotzdem Ballettunterricht zu nehmen, sitzt die mittlerweile große Susanne vielleicht heute noch daheim und fragt sich, ob sie wohl wirklich ein Hohlkreuz bekommen hätte.

SEIEN SIE MUTIG, ES LOHNT SICH!

Sieben Hindernisse, sieben Lösungen. Packen Sie's an und stellen Sie sich den Hürden, die Sie von der Zielgeraden abhalten! Meistens ist es nur der erste Schritt, der schwerfällt. Der Rest fällt Ihnen schon viel leichter.

Real oder Illusion? In unseren Köpfen existiert eine Mischung aus Meinung und Erfahrungswert, die sich aus den Einflüssen unserer Umwelt zusammensetzt und letzten Endes eine Parallelwelt in uns zusammenbaut, die wir selbst gestalten können. Also denken wir nur „Das kann ich nicht", und genau deswegen probieren wir es vielleicht nie aus. Was aber, wenn wir es doch tun würden? Was, wenn wir das Beste im Leben verpassen, weil wir einfach nur Angst haben, unsere Komfortzone zu verlassen?

Sieben Selbstsabotage-Hindernisse Insgesamt sind sieben sehr gängige Methoden bekannt, die den Einzelnen immer wieder dazu bewegen, sich selbst im Weg zu stehen. Der Hintergrund aller sieben Hindernisse ist übrigens Angst. Ich möchte sie Ihnen kurz aufzeigen, denn das ist bereits der erste Schritt, um die Klippen zu umschiffen: Sehen Sie hin, finden Sie sich wieder, setzen Sie der Selbstsabotage ein Ende!

Hindernis Nummer eins: die Katastrophe Eigentlich würden Sie gern, aber … So beginnen viele Träume, und der Ende des Gedankens ist oft ein Katastrophenszenario: „Wenn ich kündige und es klappt nicht, dann lande ich auf der Straße" wäre ein Beispiel für Existenzangst, aber auch die Angst vor Naturkatastrophen, Krankheiten und Unglücksfällen zählen dazu. Auch die Angst meiner Eltern, ich könne ja ein schlimmes Hohlkreuz vom Tanzen bekommen, fällt darunter. Machen Sie sich klar, dass das Risiko meistens kalkulierbar ist – und selbst wenn es höher ist, lohnt es sich doch zugunsten des Glücklichseins!

SEIEN SIE MUTIG, STOPPEN SIE DIE SELBSTSABOTAGE!

Hindernis Nummer zwei: die Selbstlosigkeit Andere Menschen immer vor die eigenen Bedürfnisse zu stellen, sich selbst stets zurückzunehmen und die eigenen Wünsche und Belange nicht zu bedienen, das entspräche diesem Hindernis. Fangen Sie an, an sich und die eigenen Bedürfnisse zu denken – und diese dann auch umzusetzen. Das zeugt von Selbstbewusstsein und Eigenliebe, den Grundzutaten fürs Glück.

Hindernis Nummer drei: das Urteil Sich selbst und andere ständig zu messen, macht nicht nur Sie, sondern auch andere stets unzulänglich. Unrealistische Maßstäbe und eine chronische Urteilshaltung sind dafür sehr kennzeichnend. Warum nicht einfach nur beobachten und nicht mehr bewerten? Das würde Sie lockerer machen und auch die Messlatte für Ihr Gegenüber deutlich tiefer legen. Was nicht bedeutet, dass Sie das Niveau 'runterschrauben sollen, im Gegenteil. Ihre gewonnene Friedlichkeit wird ganz andere, liebevollere und glücklichere Menschen in Ihr Leben ziehen und Sie dadurch bereichern.

4 **Hindernis Nummer vier: der Druck** Wenn Sie sich selbst und auch andere unter Druck setzen, ist das häufig der falsche Weg. Druck lässt den Körper mehr Stresshormone produzieren, dabei ist die Leistungsfähigkeit am größten, wenn wir entspannt und zufrieden sind. Dann steigt die Lust auf die Erfüllung der Aufgaben, man ist viel motivierter und besser gelaunt. Funktioniert übrigens auch in der Partnerschaft hervorragend!

Bewahren Sie einen klaren Kopf: Wollen Sie manche Dinge wirklich aushalten? Versuchen Sie, die Situation auch aus der Perspektive der anderen Beteiligten zu sehen – und sich in diese hineinzufühlen.

5 **Hindernis Nummer fünf: das Müssen** Wenn Sie denken „Man muss das soundso machen", dann sind Sie über dieses Hindernis gestolpert. Man muss überhaupt nichts; willkürliche oder veraltete Regeln einhalten am allerwenigsten. Beispielsweise „das Studium durchziehen", wenn es Ihnen absolut nicht liegt – oder aber „den Job mindestens X Jahre machen", wenn er Sie bereits jetzt langweilt. Seien Sie mutig und verändern Sie sich! Ihr Leben wird Sie belohnen.

6 **Hindernis Nummer sechs: das Hyper-Feeling** Bungeejumping, Weltreise, Himalajabesteigung: Den Hyper-Fehler erkennen Sie an deutlich übertriebener Motivation und dem Verlangen nach mehr. Höher, schneller, weiter, und das am besten gleich. Leider sind diese Euphorie-Highs wie ein Drogenrausch, und es folgt danach ein fast schon depressives Tief. Eigentlich decken Sie mit den Highs auch nur die Suche nach mehr Tiefe und Authentizität ab. Sehen Sie genau hin: Was fehlt Ihnen wirklich zum Glück?

LEBEN SIE IHR LEBEN JETZT!

7 **Hindernis Nummer sieben: das Misstrauen** Wenn Sie hinter allem Schlimmes vermuten und jedem schlechte Absichten unterstellen, sind Sie in die Falle getappt. Die schlimmste Variante: Sie halten sich selbst für

Falschgeld und trauen sich selbst nicht über den Weg. Fragen Sie sich, an welcher Stelle Sie sich für das Misstrauen gegen sich selbst und gegen das Vertrauen ins Leben entschieden haben. Sie stehen dem Glück damit im Weg und sollten sich an die Bearbeitung dieser Lage machen. Meditieren Sie über den Schlüsselsituationen und fragen Sie sich: Was passiert, wenn ich das Vergangene hinter mir lasse und mich öffne für Neues? Machen Sie Ho'oponopono für die beteiligte Personen und sich selbst!

> Letzten Endes müssen Sie so entscheiden, wie es für Sie am besten ist: Nur eine glückliche Partnerin, Mutter oder Arbeitskollegin kann ihren Job oder ihre Berufung auch wirklich gut erledigen.

Tanzen fürs Herz. Allen Ratschlägen zum Trotz fing ich mit zwölf Jahren dann endlich mit dem Tanzen an und ging viermal in der Woche zum Ballett. Der Tanz legte eine gute Grundlage für meinen beruflichen Weg, und ich bin fest davon überzeugt, dass es auch meine Hartnäckigkeit gefördert hat. Ich musste schließlich jahrelang darauf warten und habe nicht eine Sekunde lang den Wunsch beiseite geschoben oder mir ausreden lassen: Ich wusste und spürte tief in mir drin, dass ich das wirklich wollte.

Auch wenn ich zwischenzeitlich im Rhönrad durch die örtliche Turnhalle rollte, nach der Pfeife des Leichtathletiktrainers über Hürden und Hochsprungstangen sprang und auch dabei sehr gut unterhalten wurde: In mir war der Wunsch wirklich stark, und ich dachte viel ans Ballett.

Folgen Sie der Intuition! Mit den Jahren lernte ich, das Bauchgefühl als eine Art inneren Kompass zu benutzen. Nicht immer zur Freude meiner Liebsten. Neben der Tanzerei habe ich in meinem Leben schon öfter mal Wege beschritten, von denen mir mein Umfeld abgeraten hatte. Von denen weder meine Familie noch meine Freunde oder meine Arbeitgeber begeistert waren. Es waren immer Schritte in eine Richtung, die mein Herz mir vorgab. Sehr lange war mir nicht klar, was da in mir passierte: Ich merkte nur, dass ich gar nicht anders konnte, als auf mein Bauchgefühl zu hören und dorthin zu gehen, wo es sich richtig und authentisch anfühlte. Ich kündigte meinen sicheren Job inmitten einer Wirtschaftskrise, und viele Kollegen und Chefs dachten, ich würde überschnappen. Es dauerte aber nicht lang und ich hatte meine ersten Buchaufträge und einen festen Magazinkunden, der mir jahrelang die Treue hielt. Als ich Jahre später von heute auf morgen der Liebe wegen ins Ausland ging, reagierten wieder einige Freunde und besorgte Bekannte fassungslos. Wissen Sie was? Ich habe nicht eine Sekunde gezögert, als die Gedanken gedacht, die Gefühle gefühlt und die Intuition deutlich waren. Für mich war von innen heraus klar, dass es sich lohnen muss, für das größte Glück ein höheres Risiko einzugehen.

Der Preis ist heiß Manchmal fordert das Leben dann auch den Preis für Mut und erhöhtes Risiko ein: Die Liebe hielt nicht, und ich kam wenige Jahre später ohne einen Cent in der Tasche mit meinem kleinen Sohn zurück nach Deutschland. Gelohnt hat sich der Einsatz in meinen Augen auf jeden Fall: Mir ist die große Gnade zuteil geworden, Mutter sein zu dürfen und einen kleinen Menschen aufwachsen zu sehen. Ich habe auf einem anderen Kontinent gelebt und Dankbarkeit für die vermeintlich selbstverständlichen Dinge des Lebens gelernt. Die wirtschaftlichen Schwierigkeiten waren schwere Prüfsteine in meinem Leben. Ich bin daran gewachsen – auch wenn ich mittendrin nicht sicher war, ob ich den hohen Druck ertragen würde, der auf mir lastete.

Risiko lohnt sich. Es ist nicht einfach, dem Weg des Herzens zu folgen, ganz im Gegenteil. Wer sich vom Highway auf die Landstraße begibt, der kommt definitiv langsamer voran. Aber dafür lernt man das Fahren und sieht eine Menge von der Landschaft: Um nichts in der Welt hätte ich einen anderen Weg einschlagen wollen. Habe ich das Maximum aus meiner Karriere herausgeholt? Wahrscheinlich nicht, aber wäre ich den reinen Karriereweg gegangen, würde ich vielleicht einmal mit Mitte 50 zu Hause sitzen und mir folgende Fragen stellen: Warum bin ich nicht mutiger gewesen? Warum habe ich das Abenteuer Leben nicht in allen Facetten erlebt? Warum habe ich so wenig riskiert? Mein Kind hätte ich in entscheidenden Phasen seines kleinen Lebens vermutlich nicht selbst betreuen können, und sicher hätte ich mehr Zeit mit Arbeit als mit dem Ein- und Ausatmen des gegenwärtigen Moments verbracht.

Nicht die Höhe der Glückswellen ist entscheidend, sondern der Grundwasserpegel: Ist dieser erhöht, sind die Täler nicht mehr so tief und die Berge sind nicht mehr so schwer zu erklimmen.

Ziehen Sie Bilanz! Nehmen Sie sich ein wenig Zeit, vielleicht ein, zwei Stunden, am besten abends. Setzen Sie sich hin, und sinnieren Sie über Ihre Vergangenheit. Was gibt es, das Sie schon immer machen wollten, sich aber nie getraut haben? Wie stark hängt das Gefühl von Glück und innerer Zufriedenheit davon ab, dass Sie sich diesen Traum erfüllen? Seien Sie absolut ehrlich zu sich selbst, und überlegen Sie, ob der Weg dorthin kurz oder lang, leichter oder vielleicht nicht so leicht ist. Versuchen Sie, den Weg zum Ziel im Geiste zu beschreiben und versuchen Sie, sich dabei zu sehen. Nur wenn Sie ihn sich vorstellen können, wenn Ihre Träume erreichbar erscheinen, kommen Sie dem Ziel ein Stück näher. Wenn Sie selbst nicht daran glauben, wer sollte es dann? Stärken Sie sich und Ihren Glücksideen den Rücken – und Sie werden sich wundern, was alles passieren wird.

DIE TAGESBILANZ

„GEFAHR VERSTEINERT HASEN UND ERZEUGT LÖWEN."
— CHRISTIAN FRIEDRICH HEBBEL

Das Betthupferl

TUNE IN AND FIND OUT: WELCHE SELBST-SABOTAGE-PROGRAMME LAUFEN GERADE?

1

2 WIE STARK FÜHLEN SIE SICH BEI DEN EINZELNEN SIEBEN HINDERNISSEN ANGESPROCHEN?
BEWERTEN SIE DAS AUF EINER SKALA VON EINS BIS ZEHN
(1 = GAR NICHT, 10 = VOLLTREFFER)

3

4 GIBT ES EINE BESTIMMTE PERSON, EINE SITUATION ODER EINEN UMSTAND, DER DAS GRUNDGEFÜHL VOM GLÜCKLICHSEIN ENTSCHEIDEND BEEINFLUSST?

5

6 WAS IST DER ERSTE SCHRITT, DEN SIE MIT IHREM NEUEN BEWUSSTSEIN ÜBER SELBSTSABOTAGE GEHEN WERDEN?

7

8 SCHREIBEN SIE AUF, WAS IHRE GRÖSSTE MOTIVATION ZUM GLÜCKLICHSEIN IST!

9

10

Tag 2

KRAFTVOLLER GEIST, STABILER KÖRPER

Sie wollen Ihr Glück und Ihr Leben in die Hand nehmen? Dann werden Sie viel Kraft dafür brauchen! Bereiten Sie sich bestmöglich darauf vor, indem Sie regelmäßig Übungen absolvieren, die Ihnen den Rücken stärken und die Power geben, diese wundervolle Aufgabe auch durchzuziehen. Mein Leben als Selbständige, Mutter und Sportexpertin verlangt mir einiges an Kraft ab, jeden Tag. Ich habe Ihnen hier meine Lieblingsübungen in einem kleinen Programm zusammengestellt. Mit den vorliegenden Übungen trainieren Sie intensiv die Core-Muskeln, den Kern Ihres Bodys, den Bauch und den Rücken. Aber auch eine Übung für die Beine ist dabei, damit Sie einen stabilen und unerschütterlichen Stand im Leben haben.

Angst vor großen Muskelbergen brauchen Sie definitiv nicht zu haben: Sie heben keine schweren Gewichte und verwenden nur das eigene Körpergewicht, das trägt nicht auf. Machen Sie die Übungen wie angegeben, und gewöhnen Sie sich am besten ein regelmäßiges Workout an; dreimal in der Woche wäre optimal. Und jetzt: viel Spaß beim Üben!

Die Bilanz macht's

Kinder sind die pure Freude – aber sie kosten auch verdammt viel Kraft. Stärken Sie sich den Rücken, und üben Sie regelmäßig, dann können Sie gut mithalten! Was bei uns gut funktioniert: Ich turne am Rande des Spielplatzes mein Programm durch, und Sohnemann spielt derweil ein wenig. So sind wir beide in Bewegung.

1a Bein-Push

Legen Sie sich auf die rechte Seite und winkeln Sie die Beine im 90-Grad-Winkel zum Oberkörper an. Mit der rechten Hand den Kopf stützen, die linke Hand vor dem Körper auf den Boden setzen. Bauchspannung aufbauen und das linke Bein zuerst in Verlängerung des Oberkörpers ausstrecken, dann so weit wie möglich nach hinten ziehen, ohne die Hüfte zu bewegen.

1b

Bauch- und Rückenspannung verstärken und den Beckenboden fest anspannen. Ziehen Sie mit einer Ausatmung dann das linke Knie so weit wie möglich vor die Brust, ohne dabei den Rücken zu bewegen. Dann das Bein wieder ausstrecken und nach hinten in die Ausgangsposition ziehen. Machen Sie 20 Wiederholungen, dann die Seite wechseln. 2 Sets.

2a Trizeps-Kick

Setzen Sie sich aufrecht hin, beugen Sie die Beine. Stützen Sie die linke Hand rechts neben dem Körper auf den Boden und legen Sie die Beine angewinkelt nach links. Fassen Sie dann mit der rechten Hand unter dem linken Arm hindurch, greifen Sie die linke Schulter mit der rechten Hand. Ziehen Sie die linke Schulter nach oben, linken Arm strecken, Blick nach vorn.

2b

Spannen Sie Bauch, Beckenboden und Rücken an und drücken Sie sich bewusst aus der linken Schulter heraus nach oben. Beugen Sie dann langsam den linken Ellbogen und lassen Sie die rechte Schulter bis knapp über dem Boden absinken. Dann den linken Arm anspannen und wieder hochdrücken. 10 Wiederholungen, dann die Seite wechseln. 2 Sets.

3a Body-Power

Beginnen Sie im Vierfüßerstand: Stützen Sie die Handgelenke senkrecht unter den Schultern und die Knie senkrecht unter den Hüftgelenken auf den Boden. Bauch, Beckenboden und Rücken aktivieren und den Rücken gerade halten. Kopf in Verlängerung der Wirbelsäule ausrichten. Fußballen in den Boden drücken und Knie vom Boden lösen.

3b

Erhöhen Sie die Körperspannung im gesamten Rumpf. Lösen Sie das rechte Bein vom Boden. Strecken Sie das linke Bein aus und ziehen Sie gleichzeitig das rechte Bein langsam und kontrolliert in die Streckung nach hinten und oben. Beide Beine wieder beugen. Übung mit dem anderen Bein wiederholen, dann erst die Knie abstellen. 4 Wiederholungen, 2 Sets.

4a Core-Crunch

Beginnen Sie in der Rückenlage. Nehmen Sie die Hände an den Hinterkopf und ziehen Sie die Ellbogen nach außen. Beine anwinkeln und nacheinander anheben, die Knie über den Hüftgelenken ausrichten. Der Abstand zwischen den Knien sollte etwa eine Handbreit betragen. Bauch aktivieren und den Oberkörper leicht anheben.

4b

Bauch- und Rückenspannung verstärken, den Oberkörper angehoben halten und die Knie aneinander drücken. Dann beide Knie langsam nach links in Richtung Boden sinken lassen, aber nicht ablegen. Wenn Sie merken, dass Sie die Kraft verlässt, die Knie wieder zur Mitte anheben und Übung nach links wiederholen. 6-mal ohne Pause. 2 Sets.

DIE TAGESBILANZ

Nicht nur Durchatmen, auch Kraft tanken will geplant werden.
Sehen Sie Sport als festen Bestandteil Ihres Power-Pakets,
denn nur mit einem fitten und starken Körper können Sie sich aufs
Glücklichsein konzentrieren und werden nicht von Ihrem Weg abgelenkt.
Tragen Sie pro Woche vier Termine ein, von denen Sie drei wirklich einhalten.

Das Betthupferl

DAS MACHT MICH STARK: DURCHHALTEN MIT PLAN

Wo übe ich am liebsten,
welche Kraft-Moves liegen mir am meisten?

Wann ist für mich die beste Tageszeit zum Üben?
Legen Sie am besten gleich auch die Lieblingstage fest!

Wie viel Zeit kann ich pro Woche fürs
Workout aufwenden?

Tag 3

GEHT NICHT, GIBT'S NICHT: IHR LEBENSPLAN

PLANEN SIE IHR LEBEN – UND IHR GLÜCK!

Die wenigsten Menschen, die ich kenne, haben einen konkreten Lebensplan. Viele wissen aber, was sie nicht wollen im Leben – nur gibt es dabei ein kleines Problem. „Ich will nicht so werden wie meine Mutter" kehrt Ihr Unterbewusstsein um, denn Sie wissen ja bereits, dass das „Nein" eliminiert wird – und was bleibt dann? Genau: „Ich will so werden wie meine Mutter": Genau das Gegenteil von dem, was Sie eigentlich angestrebt hatten.

Stellen Sie sich die folgenden drei Fragen und schreiben Sie diese auf jeweils ein großes Blatt Papier:

1. Was ist für mich der Sinn meines Lebens, der mich glücklich macht?
2. Wer möchte ich sein?
3. Wie will ich leben, um glücklich zu sein?

Schreiben Sie zu allen drei Fragen auf, was Ihnen spontan einfällt. Lassen Sie die drei Blätter eine Woche lang liegen, und nehmen Sie sich die Themen immer wieder vor. Formulieren Sie dabei ausschließlich positiv! Ihr Unterbewusstsein wird mit diesen Gedanken schwanger gehen

Lebensziele sind immer auch Glücksziele. Nur das, was Sie erfüllt, wird Sie happy machen – und die Menschen um Sie herum wird das mitreißen.

und zum einen die innersten Wünsch an die Oberfläche bringen, zum anderen weiterbrüten und Ihre Absicht aussenden. Wenn die Woche vorbei ist, schließen Sie die Planung ab, indem Sie alles, was Sie aufgeschrieben haben, noch einmal zusammenschreiben und Ihren Lebensplan formulieren. Kürzen und streichen Sie, was sich zu wenig nach Ihnen selbst anfühlt. Formulieren Sie knapp und prägnant; zeichnen Sie ruhig etwas, und garnieren Sie Ihren Plan mit Zitaten! Das wird Ihnen dabei helfen, in Zukunft klare Entscheidungen zu fällen und deutlich auszudrücken, was Sie wollen und was nicht. Je konkreter Sie wissen, wer Sie eigentlich sind, desto klarer können Sie formulieren, wo Sie hin wollen.

Für mein eigenes Leben setze ich Etappenziele: Dieses Jahr, in zwei Jahren, in fünf Jahren, in zehn, 20 Jahren, am Ende meines Lebens. Nichts ist in Stein gemeißelt: Pläne können sich ändern, Menschen auch, und zu guter Letzt weiß man ja nicht wirklich, wie sich die äußeren Umstände entwickeln werden. Trotzdem waren mir diese Gedanken bisher immer Hilfen und ein Wegweiser, an denen ich mich orientieren konnte. Wenn spontan Entscheidungen anste-

UM MÖGLICHST EFFEKTIV AUF IHR PERSÖNLICHES GLÜCK HINZUARBEITEN, IST ES WICHTIG, GENAU ZU WISSEN, WO SIE ÜBERHAUPT HIN WOLLEN. WAS SIND IHRE PERSÖNLICHEN GLÜCKSZIELE IM LEBEN?

hen, höre ich gern und fast immer auf mein Bauchgefühl: Das hat mich noch nie im Stich gelassen und hatte bisher immer recht. Mein Lebensziel ist tief in mir verankert, und nur wenn meine Entscheidung dazu beiträgt, dorthin zu gelangen, handele ich im Einklang mit mir selbst. Eichen Sie Ihren inneren Kompass auf Ihr persönliches Glücks-Nord, indem Sie immer klarer werden. Machen Sie dazu ein paar ausgedehnte Spaziergänge, am besten allein. Meditieren Sie über der Frage nach Ihrem persönlichen

Glücksziele sollten immer persönliche Ziele sein und nicht von anderen Personen abhängen. Fragen Sie sich stets: Wie tragen meine Wünsche zum Glück aller anderen bei? Stellen Sie nicht nur Ihr Ego in den Mittelpunkt, wenn Sie über Glück nachdenken!

Glücksziel und geben Sie sich Zeit, dies vollkommen ruhig anzugehen. Wenn Sie damit fertig sind, sollte sich der Lebensplan kurz und knackig lesen, und Sie sollten sich klar sein, was die Inhalte sind. Nur wenn Sie verinnerlichen, was Sie wollen, können Sie diesem Plan letzten Endes auch über die Jahre folgen. Ziehen Sie ihn immer heran, wenn Sie bei einer Entscheidung unsicher sind, und fragen Sie sich, ob die Entscheidung mit Ihrem Glücks-Masterplan konform geht.

Wenn Sie sich noch etwas unsicher fühlen mit Ihrem Masterplan, können Sie das Unterbewusstsein auch ein wenig füttern und sich selbst den Rücken stärken: Ich empfehle Ihnen, bunte Post-its aufzuhängen. Am besten an Stellen, an denen Sie diese häufig sehen können. Rufen Sie sich die eigenen Wünsche und Ziele immer wieder in Erinnerung, und programmieren Sie Ihr Unterbewusstsein dadurch auf den richtigen Kurs. Gute Post-it-Plätze sind beispielsweise der Kühlschrank, der Badezimmerspiegel oder die Nachttischlampe. Hier kommen Sie jeden Tag mehrmals vorbei und erinnern sich, worum es eigentlich geht in Ihrem Leben. Die Ziele helfen Ihnen auch durch schwere Zeiten hindurch: Verlieren Sie sich selbst nicht aus den Augen und behalten Sie Ihre Visionen im Kopf. Sie sind der Schöpfer Ihrer Realität, und nur Sie können bestimmen, wohin die Reise geht.

> **Wenn Sie es nicht wagen, Ihre kühnsten Glücksträume auszusprechen, wer dann? Bei großen Zielen Etappenziele setzen, das hilft garantiert!**

> **Immer gut: Inspiration. Durchforsten Sie Bibliothek und Internet, wenn Sie sich schwer tun, Ziele zu finden! Vielleicht wollen Sie in einem sonnigen Land wohnen, vielleicht einen sozialen Job machen? Oder erfüllt Sie die Karriere, eine bestimmte Familienkonstellation oder ein gesellschaftliches Ziel?**

DIE TAGESBILANZ

Kämpfe um das, was dich weiterbringt

Akzeptiere was du nicht ändern kannst

Trenne dich von dem, was dich runterzieht

Das Betthupferl
SETZEN SIE SICH ETAPPENZIELE!

WO SEHEN SIE SICH IN EINEM JAHR?

WIE SIEHT IHR LEBEN IN ZWEI JAHREN AUS?

WAS MACHEN SIE IN FÜNF JAHREN?

WO SEHEN SIE SICH IN ZEHN JAHREN?

Tag 4

DAS PLUS AN POWER: THAI-BO-WORKOUT

Wer mal richtig Dampf ablässt, dreht die Gesamtspannung im Körper deutlich runter – und verringert nicht nur das Stresslevel, sondern auch seinen Hormonhaushalt im Körper. Statt hohen Cortisol- und Adrenalinwerten können Sie sich dank vermehrtem Stickstoffmonoxidgehalt im Blut wieder beruhigen, womit neben der körperlichen Entspannung auch die geistige Lockerheit wieder möglich wird. Außerdem fördert das Workout nicht nur die Fettverbrennung, sondern trägt auch ganz entscheidend zum Aufbau des Selbstbewusstseins bei: Wer kräftig boxt und tritt, lernt auch, im Alltag Grenzen zu setzen und sich zu behaupten. Die ideale Ergänzung für das Kick-Training sind Atem- oder Meditationsübungen: Ich finde es selbst wesentlich einfacher, mich nach einer intensiven Cardio- oder Yogasession nach innen zu begeben als ad hoc vom Alltagsgeschehen aus einzutauchen. Um die optimalen Effekte aus dem Training herauszuholen, sind drei Übungseinheiten pro Woche perfekt. Das Workout dauert etwa 15 Minuten.

HOLEN SIE SICH DEN KICK FÜRS SELBSTBEWUSSTSEIN!

1a Power-Kick

Öffnen Sie die Beine schulterweit und beugen Sie die Knie leicht. Zehenspitzen zeigen leicht nach außen. Hände zu Fäusten ballen und auf Schulterhöhe nach rechts halten, die Ellbogen dabei leicht beugen. Bauch, Rücken und Beckenboden leicht anspannen. Arme ebenfalls anspannen und Körperspannung aufbauen.

1b

Gewicht nach links verlagern. Rechten Fuß neben dem linken aufsetzen, rechtes Knie bis auf Hüfthöhe anheben. Zehenspitzen anziehen und mit der Außenkante des rechten Fußes einen Kick nach rechts ausführen, Arme weiterhin nach rechts halten. Oberkörper möglichst aufrecht halten. Beine schließen, zurück in die Ausgangsposition. 1 Minute je Seite.

2a Knie-Push

Beine schulterweit grätschen und die Knie und Zehenspitzen leicht nach außen drehen. Oberkörper aufrecht halten, Bauch und Rücken leicht anspannen. Hände zu Fäusten ballen und die Arme über den Kopf und nach rechts anheben. Linkes Bein durchstrecken, Ferse vom Boden lösen, Gewicht leicht nach links verlagern. Oberkörper leicht nach rechts drehen.

2b

Gewicht komplett aufs rechte Bein verlagern, dabei das rechte Knie weiterhin leicht gebeugt halten. Linkes Knie bis auf Hüfthöhe anheben, dabei den Fuß locker hängen lassen. Gleichzeitig den Oberkörper nach links drehen, dabei die Fäusten rechts und links neben dem linken Knie nach unten ziehen. Zurück zur Ausgangsposition. 1 Minute je Seite.

3a Hakenschlag

Beine deutlich weiter als schulterbreit grätschen. Knie und Zehenspitzen diagonal nach außen drehen und die Knie tief beugen. Oberkörper aufrecht halten, dazu Bauch und Rücken leicht anspannen. Den Kopf in Verlängerung der Wirbelsäule halten. Hände zu Fäusten ballen, Arme anwinkeln und Fäuste vor dem Kinn halten.

3b

Rechte Ferse anheben und die Hüfte und den Oberkörper nach links drehen, dabei die Knie weiterhin gebeugt halten. Gleichzeitig mit dem rechten Arm angewinkelt einen Schlag von unten und rechts bis auf Kinnhöhe nach links ausführen und dabei ausatmen. Zurück in die Ausgangsposition, Schlag zur anderen Seite wiederholen. 2 Minuten in zügigem Tempo.

4a Doppel-Kick

Aufrecht stehen, Beine geschlossen halten. Fußspitzen zeigen nach vorn. Bauch, Rücken und Beckenboden leicht anspannen. Hände zu Fäusten ballen, Arme anwinkeln. Fäuste vor dem Kinn halten. Gewicht auf das linke Bein verlagern, das rechte Knie bis auf Hüfthöhe anheben und mit dem Fußballen einen Tritt nach vorn ausführen, dann Bein wieder abstellen.

4b

Knie beugen, Oberkörper gestreckt nach vorn beugen und die Hände auf dem rechten Oberschenkel abstützen. Gewicht nach links verlagern, rechtes Bein beugen und mit dem rechten Fuß einen Tritt nach hinten ausführen. Bein wieder abstellen und Oberkörper aufrichten. Nächste Wiederholung ohne Pause anschließen. 1 Minute, dann Seiten wechseln.

5a Wechselsprung

Aufrecht stehen, Beine geschlossen. Oberkörper anspannen und Beine leicht beugen, Zehenspitzen und Knie zeigen nach vorn. Mit rechts abdrücken und nach links hüpfen, auf dem linken Bein landen und das rechte Bein gebeugt nach hinten anheben, dabei rechte Fingerspitzen vor linken Fuß auf den Boden tippen und den linken Arm nach hinten ziehen.

5b

Mit links kraftvoll abdrücken und nach rechts hüpfen. Jetzt das linke Bein gebeugt nach hinten ziehen und die linken Fingerspitzen vor dem rechten Fuß auf den Boden tippen. Den linken Arm gestreckt nach hinten ziehen. Den Oberkörper während der gesamten Übung gestreckt halten, Bauch und Rücken fest anspannen. 2 Minuten ohne Pause.

6a Core-Jump

Beginnen Sie in der Liegestützposition: Stützen Sie die Handgelenke senkrecht unter den Schultern auf, die Beine ausstrecken und hüftweit geöffnet halten. Bauch, Rücken und Beckenboden anspannen. Oberkörper und Beine auf einer Ebene halten und den Kopf in Verlängerung der Wirbelsäule ausrichten. Aus den Schultern heraus nach oben drücken.

6b

Erhöhen Sie die Körperspannung. Knie leicht beugen und mit beiden Füßen kraftvoll zu einem Sprung hochdrücken, dabei die Fersen zum Po kicken, das Gewicht durch den Sprung leicht nach vorn verlagern und das Gesäß anheben. In der Ausgangsposition landen und ohne Pause die nächste Wiederholung anschließen. Dauer: 1 Minute.

Das Betthupferl

NACHSCHLAG!

Wie hoch ist Ihr Stresslevel auf einer Skala von
1 (= kaum gestresst) bis 10 (= sehr gestresst)
vor und nach dem Workout?

1 2 3 4 5 6 7 8 9 10

Was ist Ihre größte Stressquelle?

Tag 5

MANIFESTIEREN FÜR FORTGESCHRITTENE

In der zweiten Woche haben Sie bereits Bekanntschaft mit dem Prinzip des Manifestierens gemacht. Dabei nehmen Sie einen Herzenswunsch und setzen ihn mithilfe bestimmter Mentaltechniken in die Realität um. Vielleicht haben Sie schon ein wenig geübt und sich auf die Wunschfrequenz eingestimmt; heute erfahren Sie, wie Sie den Wunsch-Turbo zünden können und Ihrem Glück noch schneller näher kommen.

Ihre Gefühlslage zählt! Wenn Sie auf Ihre Glücksmomente anziehend wirken möchten, ist die entsprechende Grundhaltung sehr wichtig. Nur wenn die emotionale Frequenz, die Sie ausstrahlen, positiv und entspannt ist, sind Sie überhaupt in der Lage, großartige Dinge zu realisieren. Sie können viel für Ihre emotionale Frequenz tun, indem Sie darauf achten, wie es Ihnen geht: Sind Sie entspannt und ausgeglichen? Oder ist eher das Gegenteil der Fall? Lassen Sie es sich gutgehen: Verwöhnen Sie sich mit regelmäßigen Sporteinheiten, Massagen und Saunagängen. Legen Sie auch mal grundlos die Beine hoch, und trinken Sie dabei eine Tasse Tee. Essen Sie gesund und voll-

> BLEIBEN SIE LOCKER! ENTSPANNT LÄSST ES SICH BESSER MANIFESTIEREN

wertig. Verursachen Sie dabei so wenig Leid wie nur möglich; eine vegane Lebensweise ist sehr zuträglich. Achten Sie auf sich: Stressen Sie Körper, Geist und Seele, bleibt kein Raum für effektives Arbeiten an einer anderen Realität.

Schärfen Sie Ihren Fokus! Um wirklich manifestieren zu lernen, müssen Sie die Aufmerksamkeit so bündeln, dass kein Raum mehr bleibt, der den Geist zweifeln lässt. Sie müssen zu hundert Prozent das wollen, was Sie manifestieren möchten. Sie dürfen keine Zweifel haben. Entweder ist die Angelegenheit so unwichtig, dass Sie sich nicht mit dem Zweifeln beschäftigen; beispielsweise, wenn Sie einen Parkplatz brauchen und diesen beim Losfahren manifestieren (klappt wirklich ausnahmslos immer, unbedingt ausprobieren!). Oder aber Ihr Vertrauen ist so stark, dass keine Zweifel aufkommen können. Die perfekte Grundlage dafür wäre bedingungslose Liebe – oder auch feste Entschlossenheit, die kein anderes Ergebnis mehr duldet, weil Ihnen das Ziel so wichtig ist. Meditieren Sie, sooft Sie Zeit dafür finden, und brüten Sie dabei über Ihren Glückszielen. Aber lassen Sie auch diese letzten Endes los und versuchen Sie, nicht zu denken. Nichts entspannt den Geist mehr als die Einkehr nach innen und die damit verbundene Gedankenpause! Meiner Erfahrung nach ist Meditieren übrigens wesentlich einfacher und entspannter, wenn der Körper ausgepowert ist. Deswegen meditiere ich gern nach meinem morgendlichen Run durch den Park oder abends nach meinen Powerkursen im Fitnessstudio.

Seien Sie dankbar! Manifestieren kann eine sehr ich-bezogene Angelegenheit sein. Sie haben die Sache mit dem Parkplatz ausprobiert und gemerkt, dass es funktioniert – dann wollen Sie natürlich mehr, größere Dinge ausprobieren. Das ist auch möglich. Sie können große Sachen und große Glücksziele erreichen. Vergessen Sie aber nie, sich bei Horst (oder Allah oder Gott oder wie Sie ihn eben nennen möchten) zu bedanken – für das Glück, das Ihnen zuteil wurde. Sie müssen dazu weder in die katholische

Kirche eintreten noch nach Goa reisen und dort eine Räucherstäbchenvergiftung erleiden: Finden Sie einfach Ihren persönlichen Weg, sich beim großen Ganzen zu bedanken und auszudrücken, dass Sie Ihr Glück zu schätzen wissen. Mein persönliches Ritual ist wie ein Abendgebet: Wenn ich im Bett liege, reflektiere ich den Tag, und ich bedanke mich jeden Abend dafür, dass ich lernen, erleben und erfahren durfte. Dass mein Kind bei mir sein darf, dass es gesund ist, dass ich selbst gesund bin, dass es meinen Eltern, meiner Familie, meinen Freunden gut geht. Drücken Sie sich aus, wie Sie es für richtig empfinden: Sie können laut reden oder still denken, dabei in eine Kirche gehen, unter einer alten Eiche sitzen oder vor Ihrem Hausaltar Kerzen anzünden. Morgens nach dem Aufstehen, abends vor dem Schlafengehen – ganz egal. Hauptsache, Sie werden sich der Gnade gewahr, die Ihnen der gute Mr. X im Himmel zuteil werden lässt.

Die Leitung nach oben. Wenn Sie beten oder sich bedanken, sprechen Sie zu dem, was größer ist als wir selbst. Wenn Sie meditieren, hören Sie zu und öffnen sich für Input von oben. Werden Sie sich bewusst, dass die Öffnung dieser beiden Kanäle sehr essenziell für die Technik des Manifestierens ist. Es gibt wahre Naturtalente beim Manifestieren, denen Ihre Gabe gar nicht richtig bewusst ist und die wahnsinnig erfolgreich realisieren können. Lassen Sie sich davon nicht irritieren, denn auch das Manifestieren ist kein Wettbewerb. Es ist lediglich eine Methode, die mehr oder weniger wichtig ist. Auch Menschen mit viel Besitz und viel Manifestiertem sind nicht zwingend glücklicher: Es kommt immer auf die Bewältigung der persönlichen Lebensaufgaben an, ob und wie happy jemand mit seinen äußeren Umständen ist. Denn genauso wichtig wie das Wissen um die Manifestation ist das Wissen um Ihr Reiseziel: Glück finden Sie immer innen und niemals außen! Die Realisierung im Außen ist nichts als eine Bestätigung, dass Materie über den Geist geschaffen wird. Und dennoch: Wenn es Sie glücklich macht, dies oder jenes in Ihre Realität zu ziehen, warum sollten Sie es nicht tun?

> PAUSE MACHEN HILFT – AUCH IM KOPF. STOPPEN SIE DAS GEDANKENKARUSSELL MIT MEDITATION!

Der Geist ist schöpferisch. Was ist der Unterschied zwischen Realität und Illusion? Einstein sagte, die Realität sei eine Illusion, wenn auch eine hartnäckige. Hier können Sie ansetzen: Versuchen Sie nicht, etwas nicht Vorhandenes in Ihre Realität zu ziehen, sondern nehmen Sie an, dass es bereits vorhanden ist, und verändern Sie nur Ihre Wahrnehmung. Das klingt zunächst abstrakt, ist aber im Grunde ganz einfach: Ihre emotionale Schwingung und die eigene Wahrnehmung hängen zusammen. Im Prinzip ist jede mögliche Realität bereits vorhanden. Sie sind der Pilot, der entscheidet, welchen Fernsehfilm Sie sich ansehen wollen. Ob *Aschenputtel, 50 Shades of Grey, Slumdog Millionär, Wild at Heart* oder *Pretty Woman* läuft, das entscheiden Sie selbst.

> SAGEN SIE DANKE. IMMER WIEDER. SO ERKENNEN SIE IHR MOMENTANES GLÜCK GANZ LEICHT

Umschalten auf den Glückskanal. Sie wollen richtig Gas geben beim Manifestieren? Sehr gut. Dann legen Sie sich am besten ein System zurecht. Definieren Sie ein Zeitfenster fürs Meditieren und ritualisieren Sie Ihre Dankbarkeitsbekundungen. Nach der Meditation ist ein perfekter Zeitpunkt für die Veränderung der Realität: Dann sind Sie sind bestens konzentriert und haben eine Anbindung nach oben. Bessere Voraussetzungen gibt es nicht, also los!

> HAPPY ODER NICHT? SEHEN SIE NACH INNEN: DORT SIND ALLE ANTWORTEN BEREITS VORHANDEN

DIE TAGESBILANZ

„Wenn du die WAHL hast, dann wähle stets das UNBEKANNTE, das *Riskante,* das GEFÄHRLICHE, das UNGEWISSE. Du wirst es nicht bereuen!"

— OSHO

Das Betthupferl

WAS ICH WIRKLICH WILL:

WAS IST IHR GRÖSSTES GLÜCKSZIEL?

WOFÜR SIND SIE DANKBAR?

Notieren Sie Ihre persönlichen Gründe, dankbar zu sein.

Schreiben Sie auf, was Sie in der Familie dankbar sein lässt.

Benennen Sie, was Sie im Freundeskreis zu Dankbarkeit anregt.

Tag 6

INNEN UND AUSSEN VERBINDEN

Die Atmung ist ein wichtiges Mittel, um die äußere und die innere Welt zu verbinden. Wenn Sie sich auf die Atmung konzentrieren, schalten Sie sich in die Gegenwart ein und sind absolut präsent. Versuchen Sie, sich darauf zu konzentrieren. Wer im Moment lebt und gegenwärtig ist, denkt weder an gestern noch an morgen: Er ist einfach im Moment und verirrt sich nicht im Denken. Dann werden Sie feststellen, dass Sie ganz einfach nur sind. Dass es Ihnen in diesem Moment an nichts fehlt. Wie auf einem Foto, auf dem Sie besonders gut aussehen. Wenn Sie Übung in der Atemmeditation bekommen, werden sich diese Momente aneinanderreihen. Bis Sie feststellen, dass Sie in diesen Momenten leben und jeder davon Glück bedeutet. Dass Ihre Ängste und Sorgen sich verflüchtigt haben, weil sie nur noch Illusionen sind, leere Gedanken. Schalten Sie also bei den folgenden Übungen ab, so gut es geht, und stellen Sie sicher, dass Sie von äußeren Faktoren nicht unterbrochen werden.

1 Volle Atmung

Aufrecht stehen, Füße geschlossen. Eine Hand auf den Bauch, die andere auf den Brustkorb legen, Augen schließen. Atmen Sie zuerst tief in den Bauch, dann in den Brustkorb, zuletzt in die Lungenspitzen unter den Schlüsselbeinen. Umgekehrt ausatmen. 4 Atemzüge.

2 Brustöffner

Gerade stehen. Beim Einatmen die Arme nach oben ziehen und weit öffnen, den Oberkörper leicht nach hinten neigen und den Kopf sanft in den Nacken ziehen. Ausatmen, Arme vor den Körper ziehen und nach hinten schwingen. 4 tiefe Atemzüge.

3 Bauch-Power

Aufrechter Stand. Beide Hände auf den Bauch legen. Augen schließen und für 8 tiefe Atemzüge in den Bauch atmen. Spüren Sie bei der Einatmung, wie sich die Bauchdecke hebt, bei der Ausatmung, wie sie sich wieder senkt.

4 Lungenexpander

Gerade hinstellen. Die Arme auf der Brust kreuzen und die Hände flach auf den Brustkorb legen. Augen schließen und 8 tiefe Atemzüge in die Lunge nehmen. Spüren Sie bei der Einatmung, wie sich der Brustkorb hebt, bei der Ausatmung, wie er sich wieder senkt.

5 Rippendehnung

Stehen Sie gerade. Legen Sie die Hände seitlich an die Rippen, die Fingerspitzen zeigen nach unten und die Handwurzeln zur Achsel. Atmen Sie für 4 tiefe Atemzüge in den Brustkorb und spüren Sie, wie sich die Rippen bei der Einatmung auch seitlich ausdehnen können.

6a Atemwelle

Gerade stehen, Knie beugen, Füße hüftweit öffnen. Oberkörper aus der Hüfte heraus gerade nach vorn neigen und mit beiden Händen auf den Oberschenkeln abstützen. Mit der Einatmung den Kopf leicht in den Nacken nehmen, Rücken überstrecken.

6b

Ausatmen und vom Steißbein her beginnend die Wirbelsäule runden. Bauch fest einziehen und ganz zum Schluss das Kinn zur Brust ziehen. Atmen Sie so für 8 Atemzüge in einer nicht abreißenden Welle!

„Wir müssen nicht erst sterben, um ins Himmelreich zu kommen. Tatsächlich genügt es, vollkommen lebendig zu sein. Atmen wir aufmerksam ein und aus und umarmen wir einen schönen Baum, sind wir im Himmel. Wenn wir einen bewussten Atemzug machen und uns dabei unserer Augen, unseres Herzens, unserer Leber und unserer Nicht-Zahnschmerzen bewusst sind, werden wir unmittelbar ins Paradies getragen. Frieden ist vorhanden. Wir müssen ihn nur berühren. Sind wir vollkommen lebendig, können wir erfahren, dass der Baum ein Teil des Himmels ist und dass auch wir Teil des Himmels sind."

Thich Nhat Hanh, *Das Glück, einen Baum zu umarmen*

Das Betthupferl

ATEMREFLEXION

FÜHLEN SIE IN SICH HINEIN: WIE GEHT ES IHNEN NACH DEN ATEMÜBUNGEN?

WIE FÜHLT SICH DER BRUSTKORB AN, WIE DAS HERZ?

SPÜREN SIE MORGENS NACH DEM AUFSTEHEN: IST IHRE ATMUNG TIEF UND GLEICHMÄSSIG?

Nervöse Menschen atmen nicht aus dem Bauch heraus, sondern aus dem Brustbereich. Das verspannt den Nacken und führt zu hochgezogenen, vorgebeugten Schultern. Denken Sie daran, vor allem wenn es stressig wird: Einmal tief durchatmen und immer schön tief in den Bauch schnaufen. Das hilft beim Lockerbleiben!

Tag 7

WELLNESS-STRETCHING: ENDLICH PAUSE!

> AUCH DIE PAUSE GEHÖRT ZUR MUSIK

Es wird Zeit, ein wenig abzuschalten und in sich zu gehen, ganz ohne Anstrengung. Was passt da besser als ein entspanntes Yogaprogramm? Die folgenden Asanas dehnen und strecken den gesamten Körper und bringen Ihnen Entspannung für die Muskeln. Darüber hinaus werden Geist und Seele relaxt und lassen ebenfalls locker. Es sind vier meiner Lieblingsübungen, die ich selbst praktiziere. Viele Stunden täglich am Rechner zwingen mich dazu, auch in stressigen Phasen meines Lebens immer in Bewegung zu kommen. Mache ich das nicht, melden sich Nacken und Halswirbelsäule mit Garantie. Um diesem unangenehmen Ziehen vorzubeugen, praktiziere ich die Asanas regelmäßig und habe so herausgefunden, was mir besonders gut tut. Es wäre optimal, wenn Sie sich ein Yogastudio in der Nähe suchen und auch wenigstens ein- oder zweimal pro Woche unter Anleitung üben könnten: Es ist sehr hilfreich, wenn Sie gerade bei den ersten Übungseinheiten gute, hilfreiche Korrekturen bekommen. Ein erfahrener Lehrer wird Sie auch bei der Auswahl des Yogakurses gut beraten, damit Sie nicht aus Versehen bei den Cirque-du-Soleil-Kursen landen.

Atmen wie ein Yogi. Achten Sie immer auf Ihre Atmung, wenn Sie Yoga üben: Atmen Sie durch die Nase ein und aus, und halten Sie den Mund dabei geschlossen. Wenn Sie schon etwas Erfahrung haben, probieren Sie doch einmal die Ujjayi-Atmung: Hierbei wird die Stimmritze verengt. Das hört sich beim Ausatmen an, als ob Sie einen Spiegel anhauchen würden – nur, dass der Mund dabei geschlossen ist. Dasselbe Geräusch machen Sie dann auch beim Einatmen. Hört sich zunächst nach Darth Vader im Endstadium an, ist aber äußerst effektiv, um die Luftzufuhr zu kontrollieren. Die Spannung in den Lungen wird während des gesamten Atemzuges gehalten, außerdem atmen Sie gleichmäßiger. Die Luft wird kanalisiert, zudem wird das Atemtempo durch die Stimmritzenverengung reduziert. So kann sich eine Gleichmäßigkeit beim Üben einstellen, die einen richtig guten Flow erst möglich macht. Die Ujjayi-Atmung hat aber noch einen weiteren Vorteil: Sie müssen sich auf die Atmung konzentrieren. Dann ist keine Ablenkung mehr möglich, und Sie sind automatisch ganz präsent.

Um wirklich richtig entspannen zu können, habe ich das Programm sehr knapp gehalten und mich auf vier wichtige Übungen beschränkt. Sie bekommen trotzdem alles, was Yoga zu bieten hat. Wenn Sie sehr motiviert sind und etwas mehr tun wollen, können Sie im Anschluss noch eine kleine, zehnminütige Meditation durchführen. Lassen Sie sich auf jeden Fall genug Zeit. Das Üben dauert knapp zehn Minuten.

free your mind

1a Sonnenkrieger

Aufrecht hinstellen, Beckenboden anspannen und mit einer Einatmung Arme über den Kopf heben, Handflächen aneinander, Kopf in den Nacken. Ausatmen, Hände neben die Füße und Oberkörper vorbeugen. Einatmen, Rücken anheben, Arme strecken, rechtes Bein weit nach hinten setzen. Ausatmen, Hüfte tief.

1b

Einatmen, rechtes Knie auf den Boden setzen und den Fuß ausstrecken. Arme über die Seiten nach oben heben und Gleichgewicht finden. Mit der nächsten Ausatmung die Hüfte weiter nach vorn schieben, Kopf in den Nacken nehmen. 3 Atemzüge halten, dann wieder Hände zum Boden, Füße schließen, aufrichten. Zur anderen Seite wiederholen, 3-mal je Seite.

2a Dreieckshaltung

Aufrecht stehen, Beine geschlossen halten. Bauch und Beckenboden aktivieren. Steißbein nach unten ziehen. Einen großen Schritt nach rechts machen, bis die Fußgelenke sich senkrecht unter den Handgelenken befinden. Rechten Fuß 90 Grad nach rechts, linken Fuß 60 Grad nach rechts drehen, Arme auf Schulterhöhe anheben, ausatmen.

2b

Einatmen, rechten Arm nach rechts, Hüfte nach links. Oberkörper nach rechts ziehen. Rechten Arm sinken lassen. Rechte Hand auf das Schienbein legen und die linke Hand nach oben ziehen, linken Arm ausstrecken. Blick zur linken Hand. Rechte Hüfte nach vorn drücken, Beine durchstrecken. 5 Atemzüge halten, dann lösen und zur anderen Seite wiederholen.

3a Rückendehnung

In der Rückenlage beginnen. Beckenboden aktivieren. Arme seitlich auf Schulterhöhe ausstrecken, Handflächen zum Boden. Beine gebeugt halten und nacheinander anheben. Knie über den Hüftgelenken ausrichten. Das rechte über das linke Bein schlagen und, wenn möglich, den rechten Fuß am linken Fußgelenk verhaken.

3b

Mit etwas Schwung den Po anheben und nach rechts setzen, dann die Knie zur Brust ziehen und die Beine ganz langsam nach links Richtung Boden sinken lassen. Wenn möglich, die Beine auf dem Boden ablegen und den Blick nach links richten, Augen schließen. 5 Atemzüge lang halten, dann langsam lösen und zur anderen Seite wiederholen.

4a Bein-Stretch

Beginnen Sie mit der Übung im Sitzen. Beide Beine ausstrecken, Rücken strecken. Beide Sitzknochen auf dem Boden erspüren; eventuell auf ein festes Kissen setzen. Das linke Bein anziehen und den Fuß an die Innenseite des rechten Oberschenkels legen, das linke Knie kippt nach links. Arme über dem Kopf ausstrecken, einatmen.

4b

Mit der Ausatmung den Oberkörper aus der Hüfte heraus langsam nach vorn beugen und mit den Händen den rechten Fuß greifen. Mit der nächsten Einatmung den Oberkörper weiter strecken, mit der Ausatmung noch tiefer sinken. Halten Sie die Position für 5 Atemzüge. Mit einer Einatmung aufrichten und die Seite wechseln.

„Yoga besteht zu 1% aus Theorie und zu 99% aus Praxis und Erfahrung."
– Patthabi Jois

Das Betthupferl

RELAX-RÜCKSPIEGEL

WAS HABEN SIE DIESE WOCHE FÜR IHRE ENTSPANNUNG GETAN?

WELCHE GEWOHNHEITEN WOLLEN SIE IN ZUKUNFT ENTWICKELN, UM BESSER ZU RELAXEN?

Notieren Sie, wie Sie sich fühlen, wenn Sie vor dem offenen Fenster tief durchatmen.

Schreiben Sie auf, wie Sie sich nach einer Yogastunde fühlen.

Beschreiben Sie, wie es Ihnen nach einer Meditation geht.

Woche 4

SETZEN SIE ZIELE IM LEBEN! FINDEN SIE HERAUS, WER SIE WIRKLICH SIND – UND WAS IHNEN DABEI HELFEN KANN, GLÜCKLICHER ZU SEIN. UND ZUM SCHLUSS: ZIEHEN SIE BILANZ!

Ein weit geteilter Konsens besagt, dass der Mensch nach drei Dingen im Leben strebt. Zum einen nach sozialer Anerkennung, zum anderen nach Erfolg, und zum guten Schluss auch noch nach Glück. Das klingt gut, hat aber meiner Meinung nach einen Haken: Hängen nicht sowohl soziale Anerkennung als auch Erfolg direkt mit dem Glück zusammen? Wer sich anerkannt fühlt, ist glücklich. Wer Erfolg hat, wird auch mit einem Glücksrausch belohnt. Vielleicht nicht dauerhaft, aber für eine warme Glücksdusche sollte das Feuerwerk der Hormone ausreichen. Also ist Glück das, worauf es letztlich ankommt, wonach alle streben, und was letzten Endes der Sinn des

IHR GLÜCK WIRD VON IHREN WERTEN BESTIMMT

Tag 1
WER BIN ICH EIGENTLICH?

Tag 2
BODY-RESETTING MIT BBP

Tag 3
GLÜCKS-STRATEGIE MIND-MAPPING

Tag 4
OPTIMISTEN-YOGA FÜR GLÜCK-SUCHENDE

Tag 5
SINGEN FÜR DIE STIMMUNG

Tag 6
ISS DICH HAPPY

Tag 7
BILANZ ZIEHEN

Lebens ist. Bereits der griechische Philosoph Aristoteles ist zu genau diesem Ergebnis gekommen.

Nehmen Sie doch eine Abkürzung! Konkret bedeutet das: Sie können den Umweg über Anerkennung oder Erfolg nehmen oder aber direkt zum Glücklichsein übergehen, das liegt ganz an Ihnen. Dass soziale Anerkennung und Erfolg in einigen Lebensbereichen das noch verstärken, ist schön, aber keineswegs die Voraussetzung für Glücksgefühle. Soweit der angenehme Teil der Theorie. Jetzt kommt der schwer verdauliche: Es gibt gewaltige Probleme bei der Übertragung der aristotelischen Betrachtung in die Moderne. War früher eine allgemeingültige Vorstellung von Glück möglich, ist das heute leider nicht mehr der Fall. Fragen Sie sich deshalb: Was sind Ihre persönlichen Werte im Leben, die Ihnen Stabilität geben und Ihnen die Möglichkeit bieten, die Seele baumeln zu lassen und sich zurückzulehnen?

Aus dem Bauch heraus. Studien belegen, dass gefestigte soziale Bindungen glücklich machen: Das muss keine Partnerschaft sein, sondern kann auch in einer tiefen Freundschaft oder durch innige Familienbande gelebt werden. Außerdem zeigten Studien, dass eine extrovertierte Grundhaltung eher glücklich macht. Das wiederum erfordert eine ganz spezielle Eigenschaft: Mut ist ihr Name, und ich möchte Ihnen in dieser vierten Woche genau das vermitteln, dass Sie motiviert und glücksbeseelt Ihr Leben in die Hand nehmen und das ändern, was Sie persönlich ändern müssen, um glücklicher zu sein. Ich werde Ihnen noch mal ein paar Fakten zum Glück erläutern, damit Sie sich selbst besser kennenlernen und einige – scheinbar wie selbstverständlich von der Gesellschaft gesteckte – Hindernisse mit der puren Kraft des Nachdenkens wegfegen können. Ich möchte Ihr Bauchgefühl verstärken, das Ihr innerer Guru und Kompass zum Glück sein kann. Beenden Sie die Inflation der Erwartungen. Geben Sie sich selbst mehr Zeit für Erfahrungen – es lohnt sich, Mut zu haben!

Fast im Ziel DAS GLÜCK RUFT!

Tag 1

SAFARI NACH INNEN: WER SIND SIE EIGENTLICH WIRKLICH?

Für diesen Trip brauchen Sie keinen Tropenhelm und auch keine khakifarbenen Shorts, nur eine aufgeschlossene Geisteshaltung. Das einzige Tier, das betrachtet wird, ist der Mensch: Sie selbst, Ihre eigene Persönlichkeit. Es gibt eine wissenschaftliche Betrachtung, die es ermöglicht, jeden Menschen in fünf verschiedene Kategorien einzuordnen und so grob seinen Charakter zu beschreiben. Diese fünf Kategorien werde ich Ihnen gleich vorstellen und Sie bitten, sich jeweils auf eine der beiden Seiten zu schlagen, denn sie stellen die Grundlage für die anschließende Meditation dar.

Die „Big Five" Ihrer Persönlichkeit. Gesellschaftlich sind Sie und ich dazu aufgefordert, ein Bild von sich zu entwerfen, getreu dem Motto: Sei du selbst, so individuell es geht – aber bitte nicht nur aus der Intention heraus, anders als die anderen sein zu wollen. Sich abgrenzen, interessant und einmalig zu wirken – darauf kommt es heute an, wenn man in der Gesellschaft bestehen will. Nur wer „anders" ist, bekommt den Stempel aufgedrückt, sich verwirklicht zu haben, ist gesellschaftlich anerkannt und „darf" glücklich sein. Leider fühlt sich das im Inneren nicht echt, nicht wirklich glücklich an. Im Wesentlichen hängt der Glücksfaktor eines Menschen, der Forschung zufolge, von einem Cocktail aus fünf verschiedenen Charaktereigenschaften ab. Die Bereiche, nach denen sich eine Persönlichkeit einordnen lässt, sind klar zu erkennen. Die individuelle Ausprägung und die Kombination der vielen Schattierungen ist jedoch bei jedem so einzigartig wie die Haar- oder Augenfarbe – aber eben doch einzuordnen.

Die fünf das Glück bestimmenden Charaktereigenschaften:

Die Außenwirkung

Wie Sie auf andere wirken und sich darstellen, ist ein großes Unterscheidungsmerkmal. Wenn Sie auf Leute offen zugehen, kein Problem damit haben, fremde Menschen bei einem Businessmeeting oder einer Messe anzusprechen und Sie auch mal den Mund aufmachen, wenn es unangenehme Dinge anzusprechen gilt – dann sind Sie eine extrovertierte Persönlichkeit. Wer eher schüchtern und in sich gekehrt ist, ein wenig braucht, um sich zu öffnen, der entspricht eher dem introvertierten Typus.

Ihr Charakter ist vielfältig, aber es gibt fünf Glückszüge, die bei jedem Menschen unterschiedlich stark ausgeprägt sind. Die richtige Mischung macht happy.

Die Gefühlslage

Hier kommt der Punkt, bei dem vor allem Frauen gern ins Schleudern kommen – und der doch so wichtig ist. Es geht um emotionale Stabilität: Sind Sie kritikfähig, neigen Sie weniger zu Stimmungsschwankungen und können Sie auch cool bleiben, wenn es in einer Diskussionsrunde mal heiß hergeht? Dann sind Sie ein emotional stabiler Mensch. Wer nah am Wasser gebaut hat, leicht aus der Ruhe zu bringen ist, schnell gestresst ist, wird als emotional labil bezeichnet. Danke, Wissenschaft, dass du die hormonellen Unterschiede bei Mann und Frau hier so unglaublich fair eingearbeitet hast! Aber ich will nicht labil wirken, also weiter ...

Die Genauigkeit

Der nächste Punkt, bei dem wir eingeordnet werden, bezieht sich auf unsere Gewissenhaftigkeit. Wie genau, präzise, pünktlich sind Sie? Wie sorgfältig arbeiten Sie, wie sehr stellen Sie das berufliche Vorankommen vor Ihre Freizeit? Ordnen Sie sich eher als gewissenhaft oder als ungewissenhaft ein?

Gehen Sie in sich und warten Sie ab, was Ihre innere Stimme Ihnen zuflüstert. Vielleicht ist sie zunächst still: Beschäftigen Sie sich dann einfach weiter mit dem Thema, denn in Ihnen arbeitet es. Die Antwort wird kommen, ganz sicher!

Das Sozialverhalten

Fühlen Sie sich leicht angegriffen, nehmen Sie Dinge schnell persönlich und überbewerten Sie so manche Aussage von Kollegen, der Familie oder Freunden? Dann entsprechen Sie dem aggressiven Typus. Wer eher locker ist, ein dickes Fell hat und stets freundlich bleibt, auch wenn er im Restaurant mit heißer Suppe übergossen wird, ist als verträglicher Charakter einzustufen.

Die Risikobereitschaft

Entscheiden Sie sich eher für die sichere Option, entscheiden Sie vernünftig und bedacht und somit für den Bausparvertrag, für einen sicheren Job und für die kleinere Wohnung mit kalkulierbaren Kosten – dann sind Sie der konventionelle Typus. Wer dagegen gern ein Risiko eingeht, offen für Neues ist und auch ab und an größere Verluste nicht scheut, wird dem offenen Typus zugeordnet.

Gehen Sie in die Stille! Jetzt möchte ich Sie bitten, sich ein ruhiges Plätzchen zu suchen und es sich dort bequem zu machen. Sitzen Sie gerade, entweder auf dem Boden mit gekreuzten Beinen oder auf einem Stuhl. Die Wirbelsäule sollte aufrecht sein. Schließen Sie die Augen, und gehen Sie Ihre fünf Charakterschwerpunkte im Geiste noch mal durch. Konzentrieren Sie sich dann auf den Punkt zwischen den Augenbrauen, und stellen Sie sich folgende Frage: Welcher der Bereiche erfordert besonders viel Aufmerksamkeit, damit ich glücklicher werde? Was kann ich dafür tun? Bitten Sie Gott, Allah, Horst – oder wen auch immer – um eine Antwort. Lassen Sie die Frage anschließend los, und denken Sie an nichts mehr, konzentrieren Sie

sich auf den Punkt zwischen den Augenbrauen. Wenn es Ihnen leichter fällt, stellen Sie sich dort eine kleine Flamme vor, die Sie einfach nur beobachten. Sitzen Sie für zehn bis 20 Minuten still. Bedanken Sie sich bei Ihrem inneren Guru, vertiefen Sie die Atemzüge und öffnen Sie langsam die

Augen. Vielleicht ist die Antwort auf Ihre Frage bereits nach der ersten Meditation glasklar zu erkennen, vielleicht nur als Ahnung spürbar. Hören Sie in sich hinein, wiederholen Sie die Übung in den folgenden Tagen und Wochen mehrere Male! Die Antwort wird kommen.

Ruhig einfach mal den Blickwinkel verändern!

Gegen den Strom schwimmen macht müde. Jeder Versuch, sich mit Gewalt ein besonderes und spezielles Stückchen Individualität aufzuzwingen, ist weder authentisch noch besonders förderlich für den freien Fluss der Glückshormone. Gegen den Strom schwimmen strengt außerdem an und macht schnell müde. Vielleicht ist unsere Gesellschaft so sehr darauf bedacht, dem Einzelnen die Verwirklichung zuzugestehen, dass wir gar nicht mehr merken, wie sehr uns das Hecheln nach dem Individualismus auslaugt. Vielleicht wird es Zeit, die Kirche wieder im Dorf zu lassen, zu den wahren Werten zurückzukehren – und wenn das für den Einzelnen eben nicht die Yogalehrerausbildung in Indien oder das Managen eines Großkonzerns bedeutet, sondern heißt, Postbote, Mutter oder Bäcker zu sein. Das ist echte Entfaltungsfreiheit. Werden Sie Sie selbst, lieben Sie Ihr Leben!

DIE TAGESBILANZ

„GLÜCKLICH IST NICHT, WER ANDEREN SO VORKOMMT, SONDERN WER SICH SELBST DAFÜR HÄLT."

– LUCIUS ANNAEUS SENECA

Das Betthupferl
GLÜCKLICH SEIN

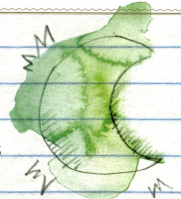

WIE SIND DIE FÜNF CHARAKTERZÜGE DES GLÜCKS BEI IHNEN GEWICHTET?

WELCHE EIGENSCHAFT ERFORDERT IHRE BESONDERE AUFMERKSAMKEIT?

GIBT ES INPUT AUS DER MEDITATIONSÜBUNG?

Tag 2

STÄRKE VON INNEN: POWER FÜR DIE CORE-MUSKELN

Sie arbeiten mit diesem Glücksprogramm sehr intensiv an sich. Aber nicht nur für das persönliche Glück, sondern auch im Alltag brauchen Sie viel Kraft: Eine starke Mitte und ein gesunder Rücken sind neben mentaler Stärke hierfür unerlässlich. Ich weiß aus eigener Erfahrung, dass es nicht nur die Belastung aus einzelnen Lebensbereichen, sondern eher die Summe aller Teile ist, die uns irgendwann zu viel wird. Ist man jedoch ausgelaugt und schlapp, hat man zu nichts mehr Lust. Und nicht nur das: Man wird auch verletzlich. Hier setzt das folgende Mini-Trainingsprogramm an. Indem Sie die Muskeln der Körpermitte in Form bringen, schaffen Sie eine Art Kraftzentrum, aus dem Sie zwar nicht unendlich, aber auf jeden Fall alltagstauglich Energie schöpfen können. Die Wirbelsäule wird entlastet, der Rücken geschützt. Am Ende des Tages sind Sie trotzdem müde, aber nicht völlig fix und fertig. Als netten Bonus gibt es eine flache, straffe Mitte: sozusagen eine Portion Körperglück.

MEHR ENERGIE FÜR IHR KRAFTZENTRUM

Der ganz normale Wahnsinn. Wenn ich nach mehrstündigen Meetings auch noch das perfekte Abendessen kochen soll, geraten meine Batterien in den roten

1a Bauch-Curl

Beginnen Sie in der Rückenlage. Beide Füße flach auf den Boden stellen. Aktivieren Sie Bauch und Beckenboden. Den rechten Fuß vom Boden lösen, beide Oberschenkel parallel halten und das rechte Bein ausstrecken. Arme links und rechts neben den Oberschenkeln ausstrecken, Bauch fester anspannen und den Oberkörper leicht aufrichten.

1b

Erhöhen Sie die Bauchspannung und rollen Sie sich auf, bis Sie aufrecht mit geradem Rücken sitzen, dabei mit den Händen am Bein entlang nach oben fahren. Langsam wieder zurück auf den Rücken rollen, aber nicht mehr komplett ablegen. 5 langsame Wiederholungen, dann das Bein wechseln, weitere 5 Wiederholungen anschließen.

2a Seiten-Crunch

Legen Sie sich auf die rechte Seite. Beide Beine anwinkeln und die Knie knapp vor dem Körper ablegen, die Knie etwa 90 Grad gebeugt halten. Auf dem rechten Unterarm abstützen. Fingerspitzen dabei nach vorn zeigen lassen und aus der Schulter heraus nach oben drücken. Die linke Hand an den Hinterkopf legen und den Ellbogen nach hinten ziehen. Füße geschlossen halten und vom Boden lösen.

2b

Knie geschlossen halten und vom Boden lösen, Beine anheben. Bauch-, Beckenboden- und Rückenmuskulatur anspannen. Oberkörper leicht nach hinten kippen, Knie geschlossen bis knapp vor der Brust anheben, dabei das Gleichgewicht leicht nach links und hinten verlagern. Knie bis knapp über dem Boden absenken. 15-mal, dann Seite wechseln.

Bereich. Das Letzte, was ich dann will, ist, meinen als Darth Vader verkleideten Sohn durch den Supermarkt zu jagen und auf den letzten Drücker kurz vor Ladenschluss noch ein wenig Gemüse einzukaufen. Muss man aber als „Supermom" und Heldin des Alltags, und ich möchte mich auch gar nicht beschweren, aber ich könnte das sicher alles nicht leisten, wenn ich nicht starke Nerven und eine starke Core-Muskulatur hätte. Mit Sicherheit denke ich zwischen dem Abendessenkochen und den mit blauer Malseife beschmierten Sohnemann baden mal fünf Minuten nicht an mein persönliches Glück. Aber wenigstens habe ich nie Rückenschmerzen, und am nächsten Tag bin ich auch nach wenigen Stunden Schlaf wieder relativ fit. Wenn ich dann abends im Bett liege, bin ich einfach nur dankbar für diese Stärke. Das möchte ich mit diesem Programmteil an Sie weitergeben.

Das Power-Zentrum Core-Muskulatur.

Bauchmuskeln schützen die Wirbelsäule – aber nur, wenn es die richtigen sind. Mit klassischen Crunches trainieren Sie zwar die oberen Anteile der geraden Bauchmuskeln, aber nach innen wirken solche Übungen nicht. Hier kommen Sie nur mit gezielten Core-Übungen weiter, die auch die ganz tiefliegende, querverlaufende Bauchmuskulatur ansprechen und funktionell arbeiten. Core-Muskeln liegen ein Stück unter der Oberfläche und sind miteinander vernetzt. Sie sind darauf ausgerichtet, im Team zu arbeiten und den Knochen, allen voran der Wirbelsäule, einen großen Teil der Tragearbeit abzunehmen. Mit meinem Kurzprogramm werden Sie die innersten Schichten der Bauchmuskeln, aber auch die geraden und seitlichen Bauchmuskeln schnell und effektiv trainieren. Wenn Sie Ihr Muskelzentrum regelmäßig stärken, profitiert auch Ihre Haltung davon – und Sie werden merken, dass es Ihnen leichter fällt, mit einem Powerkörper im Alltag besser durchzuhalten. Die Power aus der Körpermitte verleiht Ihnen außerdem auf Dauer einen selbstbewussteren, stärkeren Auftritt. Üben Sie am besten drei- bis viermal pro Woche; es dauert insgesamt nur zehn Minuten.

3a Beinschere

Auf dem rechten Unterarm abstützen, Fingerspitzen nach vorn. Drücken Sie sich aus der Schulter heraus nach oben. Beine in Verlängerung des Oberkörpers ausstrecken. Bauch, Beckenboden und Rücken anspannen und beide Beine vom Boden lösen. Beine und Zehenspitzen ausstrecken, dann das linke Bein nach vorn, das rechte Bein nach hinten scheren.

3b

Bauch- und Rückenspannung halten, das rechte Bein gestreckt nach vorn und gleichzeitig das linke Bein gestreckt nach hinten ziehen. Zurück in die Ausgangsposition. 10-mal wiederholen, dann lösen, ablegen und die Seiten wechseln. Wiederholen Sie die Übung auf der anderen Seite ebenfalls 10-mal. Machen Sie 2 Durchgänge.

4a Core-Tap

Beginnen Sie auf dem Rücken liegend. Beide Füße zunächst flach auf den Boden stellen, die Hände an den Hinterkopf legen und die Ellbogen nach hinten ziehen. Beine nacheinander vom Boden lösen und Beine anheben, bis die Knie senkrecht über den Hüftgelenken sind. Bauch- und Beckenboden anspannen und den Oberkörper leicht anheben, linke Fußspitze auf den Boden tippen.

4b

Core-Spannung halten und das rechte Bein gebeugt wieder anheben, Oberkörper ebenfalls angehoben halten und dann das linke Bein absenken. Mit der linken Fußspitze auf den Boden tippen, dann das Bein wieder heben. Jedes Bein 10-mal absenken, dann den Oberkörper ablegen und die Füße zum Boden bringen. Insgesamt 3 Durchgänge.

DIE TAGESBILANZ

Körperpower
Nur in einem gesunden, starken Körper kann eine glückliche Seele wohnen. Das Zentrum der Kraft sitzt im Bauch, deswegen ist eine starke Mitte wichtig, um happy zu sein.

Seelenstärke
Ist der Körper gesund, kann sich die Seele voll und ganz auf ihre Entwicklung konzentrieren – und sich dem persönlichen Glück zuwenden.

Geisteskraft
Was nützt der hellste Kopf, wenn der Körper ihn nicht aufrecht tragen kann? Nur mit einer starken Basis sind große Glücksmomente erlebbar.

Das Betthupferl

AUS DEM BAUCH HERAUS

WIE FÜHLEN SIE SICH NACH DEM WORKOUT?

IN WELCHEN SITUATIONEN WÜNSCHEN SIE SICH MEHR CORE-STÄRKE?

Tag 3

ERINNERUNGEN ANS GLÜCK: FEELING RELOADED

Glücklich sein fühlt sich super an. Sie können den Glücksfaktor mit ein paar Hilfsmitteln ein wenig pushen. Zum einen ist es wichtig, sich einen Plan zurechtzulegen und genau zu wissen, wo Sie hin möchten. Zum anderen sollten Sie so viele positive Gefühle wie möglich mit mentalen Post-its, sogenannten Ankern versehen, um sie auf Knopfdruck abrufen zu können. Eine positive Grundstimmung lädt das Glück in Ihre Seele ein: Zeigen Sie ihm den Weg!

MALEN SIE HEUTE IHREN MASTERPLAN!

Es sind oft kleine Entscheidungen, die bei Wiederholungen große Auswirkungen haben. Beispielsweise beim Joggen. Verankern Sie das gute Gefühl „danach", so überlisten Sie Ihren Schweinehund. Es lohnt sich!

Mind-Mapping für mehr Durchblick.

Besorgen Sie sich ein großes Stück Papier. Überlegen Sie, was es alles braucht, damit Sie glücklich und zufrieden sind. Malen Sie sich in die Mitte des Bildes und alles, was Sie brauchen, drumherum. Sie können malen oder zeichnen, aber Sie können auch eine Kollage basteln. Wichtig ist, dass das Kunstwerk anschließend für Sie gut sichtbar aufgehängt wird, damit Sie es jeden Tag ein paarmal sehen können.

Gefühle auf Knopfdruck. Wenn Sie eine Erfahrung machen, verbindet das Gehirn ein Gefühl damit und speichert das Ganze als Referenzwert ab. Sind Sie dann irgendwann einmal in einer ähnlichen Situation und Sie müssen sich entscheiden, kommt dieses „Referenz-Feeling" hoch und beeinflusst Ihre Entscheidung, meistens unterbewusst. Häufig ist das ja nicht verkehrt, aber gelegentlich kann so ein Gefühlsanker Sie in die falsche Richtung lenken. Um diesen Prozess zu durchbrechen, reicht eigentlich schon die Erkenntnis darüber aus, um eine Wahlmöglichkeit nochmal kritisch zu überdenken. Stellen Sie sich bei der entsprechenden Entscheidung folgende Fragen: Würde ich ebenso entscheiden, wenn ich nicht zuvor die Situation XY erlebt hätte? Entscheide ich wirklich bestmöglich?

Sie können diesen Mechanismus allerdings auch im positiven Sinne nutzen und mit dem sogenannten Anchoring – sozusagen auf Knopfdruck – eine bestimmte Gefühlslage oder eine Erinnerung aus dem Archiv der Emotionen aufrufen. Wenn Sie sich in eine positivere Grundstimmung bringen oder in einer stressigen Situation ruhig und gelassen bleiben möchten, ist diese Technik eine feine Sache. Es ist denkbar einfach, diese Technik umzusetzen: Meditieren Sie beispielsweise. Hinterher fühlen Sie sich gelassen, vollkommen ruhig und friedlich. Benutzen Sie dann eine Geste. Fassen Sie sich meinetwegen mit Daumen und Zeigefinger der rechten Hand ans rechte Ohrläppchen und drücken Sie es sanft. Gehen Sie währenddessen gedanklich nochmal zu den positiven Gefühlen, und verbinden Sie dieses Gefühl innerlich mit der Geste. Wenn Sie das ein paarmal nach dem Meditieren machen, können Sie das Gefühl aufrufen, wenn es das nächste Mal stressig wird. Benutzen Sie Ihre Geste, und das dazugehörige Feeling wird sich sicher einstellen. Die Technik können Sie auch mit bestimmten Gegenständen anwenden: Nehmen Sie einen bestimmten Stift in die Hand, legen Sie ein Schmuckstück an – Ihrer Fantasie sind keine Grenzen gesetzt.

> Mein Relax-Anker am Ohrläppchen bewirkt immer wieder wahre Wunder. Ein Vorteil gegenüber eines Ankers, der mit einem Gegenstand verbunden ist: Ich kann mein Ohrläppchen nicht zu Hause vergessen!

Die Tagesbilanz

„ERST DIE ERINNERUNG
MUSS UNS OFFENBAREN,
DIE GNADE, DIE DAS SCHICKSAL
UNS VERLIEH.
WIR WISSEN STETS NUR,
DASS WIR GLÜCKLICH WAREN,
DOCH DASS WIR GLÜCKLICH
SIND, WISSEN WIR NIE."

– JOHANN WOLFGANG
VON GOETHE

Das Betthupferl

FÜHLEN SIE SICH GUT!

SPORT, HOBBY, FAMILIE:
WAS MACHT SIE TÄGLICH GLÜCKLICH?

WAS SIND FÜR SIE PERSÖNLICH
GUTE ANKER-GESTEN ODER ANKER-GEGENSTÄNDE?

Ihre Glücks-landkarte sollte Sie immer positiv stimmen und gute Laune machen.

BETRACHTEN SIE IHRE MIND-MAP:
WIE FÜHLT SICH DAS AN?

Tag 4

YOGA UND GUT: GLÜCKLICH MIT OPTIMISMUS

Die rosa Brille können Sie weglegen. Optimistisch zu sein, bedeutet nicht, die Dinge zu verzerren oder das Kind nicht beim Namen zu nennen. Im Gegenteil: Wer optimistisch ist, sieht genau hin. Erkennt, was Sache ist – und sucht sich dann den besten Weg, um damit umzugehen und das Beste für sein Leben daraus zu machen. Optimismus bedeutet, das richtige Konzept zu haben: Wer optimistisch lebt, geht davon aus, dass sich das Universum zum besseren Zustand neigt. Und das alles, was passiert, im Endeffekt eine positive Entwicklung nach sich zieht. Dass also der verschüttete Morgenkaffee, der die Verspätung nach sich zieht, vielleicht einen Unfall verhindert hat. Dass die schwere Krankheit den Geist zur Ruhe und den Kranken zum Nachdenken gezwungen hat – und letzten Endes eine positive Veränderung stattfindet.

Wer Yoga macht, denkt positiv. Auch im Yoga wird immer wieder die Haltung vermittelt, die Übungen und Techniken mit einem optimistischen Ansatz zu betrachten. Zu Recht. Denn wer länger übt, wird bald Veränderungen an sich feststellen können. Ist die Asana-Praxis zunächst vielleicht von den definierten Oberarmen Madonnas oder dem Knackpo der Nachbarin motiviert, verändert sich mit der Zeit die Motivation. Denn wer eine intensive Yogastunde genossen hat, empfindet anschließend eine innere Ruhe, geistige Klarheit und verspürt Mitgefühl. Man kann sich als Beginner zunächst nicht erklären, woher diese Gefühle kommen. Mit fortschreitender Praxis erkennt man aber: Dieses Gefühl ist kein Zufall, es ist die Basis unseres Seins. Wir alle können dieses friedliche und glückliche Grundgefühl permanent haben – vorausgesetzt, wir schaffen es, die positive Grundeinstellung zur Basis unseres Denkens zu machen. Das ist kein einfacher Weg, und es gibt immer wieder Momente, an denen man zu scheitern droht. Wenn Sie es aber schaffen, diese Momente zu durchleben, passiert etwas Wunderbares: Sie werden bestärkt in Ihrem positiven Glauben, sie erfahren Glück.

Bestimmt können Sie den Kopfstand schneller als ich erlernen, aber lassen Sie sich bei anspruchsvolleren Übungen bitte unbedingt von einem erfahrenen Lehrer einweisen. Jede Volkshochschule bietet Kurse an.

Schwierigkeiten sind Chancen, um zu wachsen. Jedes Hindernis, jede Schwierigkeit, jedes Problem und jeder Mensch, der sich Ihnen in den Weg zu stellen scheint, hat nur ein einziges Ziel: Ihnen am Ende der Erfahrung mehr Stärke und innere Sicherheit zu vermitteln. Genauso verhält es sich auch mit den folgenden Yogaübungen. Vielleicht fallen Ihnen manche leicht und andere schwer, bestimmt klappen einige zunächst nicht so, wie sie beschrieben werden. Das macht gar nichts! Lassen Sie falschen Ehrgeiz einfach hinter sich und üben Sie so, wie Sie können. Mit der Absicht, so gut wie möglich zu üben. Und mit dem Wissen, dass beständiges Üben Ihre Praxis sowieso verbessern wird. Mein liebstes Beispiel an dieser Stelle ist der Kopfstand: Wie lange bin ich an dieser Übung verzweifelt!

Die Welt steht manchmal Kopf ... Jahrelang habe ich versucht, die richtige Kopfstand-Position einzunehmen – und immer wieder bin ich daran gescheitert. Obwohl ich mindestens fünfmal pro Woche übte: Es wollte nicht klappen. Doch ich arbeitete immer weiter an mir: Nach der Wut über mich selbst kam der Ärger über den Lehrer. Nach fünf Lehrern kam der innere Frust – und schließlich kam die Erkenntnis. Ich merkte, dass ich einfach Angst hatte. Während die 83-jährige Gerti und der 25-jährige Alex auf dem Kopf standen, hatte ich schlicht Angst, mir das Genick zu brechen. Zwar hatte sich noch kein Yogaschüler jemals mit dem Kopfstand umgebracht, aber was, wenn ich die Erste wäre? Dann fing ein anderer Gedanke an, in mir zu keimen: Was, wenn ich es einfach aufgab, den Kopfstand können zu wollen? Ihn einfach versuchte, wenn er an der Reihe war? Wenn ich immer positiv daran dachte und daran, dass nicht das Ergebnis, sondern die bestmögliche Ausführung für die positive Wirkung ausschlaggebend war? Ich blieb dran, übte weiter und weiter. Und irgendwann, eines Tages, zu Hause, als ich nicht damit rechnete, geschah mein persönliches Yoga-Wunder: Ich stand auf dem Kopf, einfach so. Nach fast zehn Jahren des intensiven Übens. Leider fiel ich vor Schreck wieder um, als ich das bemerkte.

Üben Sie möglichst regelmäßig! Es muss gar nicht lang sein: Wenn Sie dreimal die Woche mit leichten Asanas beginnen, reicht das vollkommen. Die gezeigten Übungen dauern etwa 15 Minuten; führen Sie sie einfach durch, so gut es geht.

ERKENNEN SIE DIE GELEGENHEITEN, SICH SELBST BESSER KENNENZULERNEN!

1a Rückenstretch

In Rückenlage beginnen. Arme auf Schulterhöhe seitlich ausstrecken, Handflächen zum Boden drehen. Kinn leicht zur Brust ziehen, Wirbelsäule strecken. Beine nacheinander anheben, die Knie senkrecht über den Hüftgelenken halten. Schultern und Nacken entspannen. Bauch und Beckenboden aktivieren, Knie geschlossen halten.

1b

Knie leicht zur Brust heranziehen und dann langsam und kontrolliert nach rechts sinken lassen, bis sie den Boden berühren. Dann erst den Kopf langsam nach links drehen. Beide Schultern auf dem Boden halten und weiter ruhig und tief durchatmen. 5 Atemzüge halten, dann lösen und zur anderen Seite wiederholen.

2a Beindehnung

Setzen Sie sich aufrecht hin. Den Rücken gerade halten und beide Sitzknochen fest in den Boden drücken. Den Kopf in Verlängerung der Wirbelsäule halten und die Arme links und rechts vom Körper locker hängen lassen. Fersen in den Boden drücken und Knie leicht beugen, Beine geschlossen halten und Bauchmuskeln aktivieren.

2b

Oberkörper aus der Hüfte heraus so gestreckt wie möglich nach vorn absenken. Wenn möglich, Oberkörper auf den Beinen ablegen. Knie zunächst noch gebeugt halten. Wenn der Oberkörper auf den Beinen liegt, Füße greifen und Beine langsam ausstrecken. Sind beide Beine gestreckt, Arme locker neben den Beinen ablegen. 8 Atemzüge lang halten.

3a Seiten-Stretch

Aufrecht sitzen, Beine geschlossen. Spüren Sie beide Sitzknochen fest auf dem Boden. Wirbelsäule strecken, Kinn leicht zur Brust sinken lassen. Beine geschlossen ausstrecken. Rechtes Bein beugen und rechten Fuß an die Außenseite des linken Knies setzen. Linken Arm nach oben strecken, rechte Hand hinter dem Körper auf den Boden setzen.

3b

Mit einer Ausatmung den linken Ellbogen an Außenseite des rechten Knies legen, Unterarm angewinkelt nach oben halten, Handfläche nach rechts. Mit der nächsten Einatmung Oberkörper aufrichten, mit der Ausatmung nach rechts und erst zum Schluss auch den Kopf nach rechts drehen.
5 Atemzüge halten, lösen, zur anderen Seite wiederholen.

4a Brustöffner

Aufrecht sitzen und Beine weit grätschen. Knie beugen und Fersen in den Boden drücken, Füße anwinkeln und Zehen anziehen. Knie zeigen leicht nach außen. Bauch und Beckenboden aktivieren. Mit den Händen die Unterschenkel greifen, mit gestrecktem Rücken leicht nach vorn neigen und den Oberkörper nochmals aus der Hüfte heraus aufrichten.

4b

Linken Arm unter dem linken Knie durchfädeln und so ausstrecken, dass die Handfläche auf dem Boden liegt und die Finger nach hinten zeigen. Darauf achten, dass das linke Knie nicht den Ellbogen, sondern den Oberarm berührt. Dann den rechten Arm nach hinten und oben strecken, Blick in die rechte Hand. 5 Atemzüge je Seite.

5a Bein-Twist

Beginnen Sie in der Rückenlage. Arme auf Höhe der Schultern seitlich ausstrecken, Handflächen zum Boden. Kinn leicht zur Brust ziehen, Beine zunächst geschlossen halten. Bauch und Beckenboden aktivieren. Linkes Bein anwinkeln und Fuß vom Boden lösen. Linkes Bein senkrecht nach oben ausstrecken, Zehenspitzen ebenfalls strecken.

5b

Bauchspannung erhöhen, Arme fest in den Boden drücken. Das linke Bein gestreckt auf Hüfthöhe nach rechts sinken lassen, so weit es geht. Hüfte darf sich vom Boden lösen und mitdrehen. Wenn möglich, Bein zum Boden bringen und ablegen. Dann Kopf nach links drehen. 3 Atemzüge halten, lösen und mit dem anderen Bein wiederholen.

6a Rücken-Curl

Beginnen Sie die Übung in der Rückenlage. Beine anwinkeln und Knie mit etwas Schwung zur Brust ziehen, dann das Becken vom Boden lösen und Rücken aufrollen. Knie zur Stirn bringen, Beine angewinkelt halten. Arme hinter dem Rücken verschränken und Handballen aneinander drücken. Arme ausstrecken und Hände zum Boden drücken.

6b

Knie von der Stirn lösen, Beine nach hinten ausstrecken. Fußballen berühren den Boden. Füße hüftbreit öffnen. Bauch und Beckenboden dabei leicht anspannen und wenn möglich, das Gesäß noch weiter anheben. Beine ausstrecken und tief in die Dehnung atmen. 8 Atemzüge lang halten, dann Knie zur Stirn, Arme öffnen und auf den Rücken rollen.

DIE TAGESBILANZ

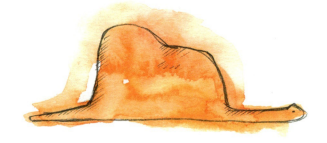

„JEDES STARKE BILD WIRD WIRKLICHKEIT"

– ANTOINE DE SAINT-EXUPÉRY

Das Betthupferl

WIE OPTIMISTISCH SIND SIE?

SCHREIBEN SIE DIE GRÖSSTEN HINDERNISSE AUF,
DIE SIE AKTUELL IM LEBEN AM GLÜCKLICHSEIN HINDERN!

WIE BEEINFLUSSEN SIE IHR LEBEN POSITIV?

Meditieren Sie über besonders schwere Aufgaben und bitten Sie das Universum um eine Antwort.

WAS KÖNNEN SIE TUN, UM DIE HINDERNISSE ZU ÜBERWINDEN?

Tag 5

SINGEN FÜR DIE STIMMUNG

Schmettern Sie gerne Puccinis Tosca unter der Dusche? Oder Popsongs im Auto? Sollten Sie sich dringend angewöhnen, falls Sie es noch nicht tun. Singen ist ein Glücks-Booster, steigert die Stimmung spürbar und im Handumdrehen. Es befreit und hilft Ihnen, sich Stress von der Seele zu singen. Sie kräftigen damit Ihre Stimmbänder und verbessern Ihre Atmung. Beim intensiven Singen atmen Sie tief in den Bauch und beatmen damit auch die Lungenspitzen unter den Schlüsselbeinen, anstatt nur in den Brustbereich zu atmen. Aber Singen kann noch viel mehr.

Radio aufdrehen und los geht's: Sing your song!

EIN HOCH DER HORMONE

Singen sorgt für die Ausschüttung des Hormons Oxytocin. Dieses Hormon steht bei Glücksforschern ganz oben auf der Hitliste, wirkt es doch stresslösend und angstreduzierend. Oxytocin wird mit Liebe, Vertrauen und Ruhe in Zusammenhang gebracht, es spielt aber auch eine große Rolle bei den weniger entspannenden Zuständen wie beispielsweise einer Geburt: Das Hormon ist für die Kontraktionen der Gebärmutter und für den Milcheinschuss nach der Geburt zuständig. Beim Stillen sorgt es dann wieder für die Entspannung der Mutter. Es wird bei angenehmen Berührungen ebenso ausgeschüttet wie beim Singen. Oxytocin gilt als Bindungshormon, da es dank der Gebärmutterkontraktionen beim Orgasmus der Frau „danach" eine entspannende Wirkung und ein Geborgenheitsfeeling verursacht. Für Männer sind Zärtlichkeiten neben dem Singen übrigens die einzige Möglichkeit, den Oxytocinspiegel zu steigern.

ANREGEND
Oxytocin gilt auch als Sex-Hormon. Es wirkt zuerst lustfördernd, schließlich entspannend. Praktisch: Männer, die viel davon haben, sind eher treu. Fazit: Viel kuscheln und schmusen!

SPIRITUALITÄT IST PURES GLÜCK

Menschen, die regelmäßig singen, beschreiben meistens ein Gefühl von Spiritualität, das sie durch das Singen erfahren. Singen stärkt den Kontakt zur Eigenwahrnehmung. Man spürt, dass man eine Seele hat, fühlt die Lebensenergie in sich fließen und nimmt eine tiefe Verbundenheit mit der Umwelt wahr. Besonders kraftvoll ist es, Mantras auf Sanskrit zu singen.

Bei meiner Ausbildung zur Yogalehrerin stand das Mantrassingen auch auf dem Plan; ich war zunächst nicht sehr begeistert darüber. Singen in der Gruppe war schon in Ordnung, aber vorsingen? Mein Akkordeonunterricht im Kindesalter war mir jetzt endlich nützlich: Zehn Jahre lang musste ich unmotiviert auf der Quetschkommode herumdrücken und klimpern, obwohl ich eigentlich Klavier spielen wollte. Bei der Yogaausbildung stand dann mit einem Mal ein Harmonium vor mir. Das Instrument sah aus wie ein quergelegtes Akkordeon ohne Bässe. So konnte ich mein Vorsingen mit diesem Instrument begleiten – und war zum ersten Mal in meinem Leben dankbar, Akkordeon spielen gelernt zu haben.

Seine beruhigende und meditative Wirkung verfehlt der begleitete Sanskrit-Gesang übrigens nie. Wirklich nie! Probieren Sie es einfach aus!

GANZ EHRLICH
Die Wahrheit? Beatles-Songs auf dem Akkordeon klingen grausam! Fragen Sie Ihr Kind bitte, welches Instrument es wirklich spielen möchte; nicht jedes will später Yoga unterrichten …

DIE TAGESBILANZ

„Ohne Musik wäre das Leben ein Irrtum."

– Friedrich Wilhelm Nietzsche

Das Betthupferl

IHRE PERSÖNLICHE HAPPY-PLAYLIST

WAS IST DER SOUNDTRACK IHRES GLÜCKS?

Schreiben Sie Ihre fünf liebsten Relax-Lieder auf!

Notieren Sie Ihre fünf liebsten Gute-Laune-Lieder!

Welche Lieder sind Ihre fünf liebsten Lovesongs?

Tag 6

ISS DICH HAPPY: GLÜCKSENERGIE IST GRÜN UND GELB!

Das Grün steht in diesem Beispiel für grünes Gemüse, das Gelb für die Kraft des Sonnenlichts. Zusammen ergeben die beiden Faktoren eine Art Warp-Antrieb fürs Glücklichsein. Pflanzenkost reduziert die Aufnahme von Stresshormonen und belastenden, unnötigen Zusatzstoffen, und die Sonne stärkt das Immunsystem und das Wohlbefinden. Unterm Strich eine solide Basis für eine glückliche Grundstimmung.

Futtern für den Frieden. Mit Nahrungsmitteln, die keinem Lebewesen Leid zufügen und absolut gesundheitsfördernd sind, leisten Sie dem inneren und äußeren Frieden Vorschub. Veganes Essen macht nicht nur den eigenen Geist friedvoll und glücklich, sondern sorgt gleichzeitig für Pluspunkte auf dem Karmakonto. Die Prinzipien sind denkbar leicht: Essen Sie einfach, wonach Ihr Körper verlangt. Und vermeiden Sie tierische Produkte im Essen. Je bunter Ihr Speiseplan ist, desto mehr Vitamine, Mineralstoffe und Mikronährstoffe führen Sie dem Körper zu. Ideal wäre, wenn Sie saisonal verfügbare Pflanzen verzehren

GRÜN WIE GEMÜSE, STRAHLEND GELB WIE DIE SONNE: DA STECKT POWER DRIN!

> Meine bevorzugte Ernährungsweise ist seit der Geburt meines Kindes vegan – aus Überzeugung. Es müssen keine Tiere sterben und keinem Kälbchen wird die Milch weggenommen, nur weil wir uns ernähren wollen.

und regional hergestellte Produkte bevorzugen. Vielleicht haben Sie ja Lust, im Frühling einen kleinen Gemüsegarten anzulegen? Bereits die eigenen Tomaten vom Balkon schmecken wesentlich aromatischer und intensiver als konventionelle Supermarktware. Achten Sie beim Einkaufen von Saatgut auf die Quelle: Für Ihren eigenen Körper sollten es nur biologische Erzeugnisse und genetisch unverändertes Erbgut sein. Hersteller wie beispielsweise Demeter leisten hier seit Jahrzehnten gute Arbeit. In Kombination mit viel Sonnenlicht ist eine ausgewogene und pflanzliche Ernährung perfekt dazu geeignet, Körper und Kopf bis ins hohe Alter gesund zu erhalten. Den Seelen-Bonus gibt's dazu: Warum probieren Sie's nicht einfach mal für ein paar Wochen aus, falls Sie es nicht schon tun?

Gemüse ist nicht gleich Gemüse: Wer im Biomarkt kauft, setzt auf Qualität. Hier können Sie sicher sein, dass die Ware nicht auf ausgelaugten Böden angebaut wurde und drin ist, was drin sein soll: Vitamine und Mineralstoffe satt.

Sonne macht happy! Wie fühlen Sie sich, wenn die Sonne scheint – und wie nach ein paar grauen Tagen? Die Sonne beeinflusst unsere Psyche sehr stark und hat nicht nur hormonell großen Einfluss auf unser Wohlbefinden. Auch die Bildung des Immunstärke-Vitamins D ist vom Sonnenlicht abhängig. Ein Mensch ist mit ungefähr zwei Quadratmetern Sonnensegel ausgestattet und muss die Sonne nutzen, um das lebenswichtige Vitamin D herzustellen. Wer ausreichend vom Power-Vitamin in sich trägt, kann sich über ein starkes Immunsystem und eine zufriedene Grundstimmung freuen: Kommen Sie nicht oft genug in die Sonne, können auch gezielte Besuche im Solarium helfen, den Vitamin-D-Bedarf zu decken. Gehen Sie in die Sonne, sollten Sie etwa ein Viertel der Körperoberfläche für 15 Minuten dem Licht aussetzen. Die effektivste Sonne bekommen Sie übrigens dann ab, wenn Ihr Schatten kleiner ist als Ihre Körpergröße.

Happiness statt Hormone tanken. Es ist nachgewiesen, dass die Hormone aus Fleisch, Milch und deren Nebenprodukten alles enthalten, was dem Tier zugeführt wurde. In der industriellen Zucht werden die Tiere mit Antibiotika und Hormonen behandelt. Aber was noch wichtiger ist: Sowohl konventionell gezüchtete als auch Bio-Tiere werden gleich grausam geschlachtet und reagieren mit großen Mengen Stresshormonen auf den Tötungsprozess. Diese Hormone finden sich so oder so im Fleisch der Tiere wieder: Sie essen die Angst also mit. Stresshormone sind der Gegenspieler der Glückshormone, stehen dem Wohlbefinden also grundsätzlich entgegen.

Vorsicht, empfindlich! Viele Vitamine halten der Erhitzung nicht lange stand: Dampfgaren ist die schonendste Methode, Gemüse zuzubereiten. Besser: Essen Sie so oft es geht Rohkost!

Clever essen, grandios aussehen. Je länger Sie eine bewusste pflanzliche Ernährung praktizieren, desto feiner werden Ihre Körperantennen registrieren, was Sie wirklich brauchen: Ersetzen Sie zu Beginn Ihrer fleischlosen Ernährung noch relativ viele Produkte, wird sich im Lauf der Zeit ganz einfach die Zusammensetzung der Nahrung insgesamt verändern. Sie kennen sich besser aus und sind besser mit den Inhaltsstoffen und der Zusammensetzung des Essens vertraut. Sie werden wahrscheinlich häufiger Salate und Rohkost genießen und die Vorzüge biologisch-dynamisch angebauter Produkte mit Ihren Geschmacksnerven verstehen lernen. Ersatzprodukte neh-

WER WILL SCHON TODESANGST AUF DEM TELLER? ESSEN SIE LIEBER PEACE FOOD!

men dauerhaft eine untergeordnete Rolle ein, und Gemüse & Co. bekommen ihren wohlverdienten Platz als Hauptrolle auf Ihrem Teller. Kräuter, Sprossen und Gewürze schmecken toll, sorgen für Abwechslung und zaubern aus bekannten Gerichten neue Varianten. Sie werden bemerken, dass Sie weniger oft krank sind, sich insgesamt fitter fühlen und leistungsfähiger sind. Wenn Sie beim Arzt die Blutwerte checken lassen, wird zuerst das Cholesterin wieder im grünen Bereich sein. Kurze Zeit später auch alle anderen Werte. Verzichten? Nicht nötig! Wenn Sie Lust auf etwas Bestimmtes haben, gehen Sie in sich und hinterfragen Sie, was das wahre Bedürfnis ist. Kohlenhydrate fürs Gehirn? Proteine? Bestimmte Mineralstoffe? Sie werden überrascht sein, wie deutlich Ihr Körper seine Bedürfnisse

Schnippeln für die Schönheit: Wer sich mit der Ernährung beschäftigt, kocht irgendwann viel selbst. Das zahlt sich aus: Sie wissen, was drin ist und ernähren sich wesentlich bewusster.

ausdrücken kann. Sie müssen nur wieder sensibler werden und lernen, sich selbst zuzuhören. Man wird Ihnen auch ansehen, dass Sie gesünder sind: Das Strahlen von innen und eine vitale, energiegeladene Ausstrahlung geht mit der Ernährungsumstellung einher.

DIE TAGESBILANZ

„Sei du selbst die VERÄNDERUNG, die du dir wünschst für diese Welt"

— Mahatma Gandhi

Das Betthupferl

MEIN FLEISCH IST AUS GEMÜSE!

WAS SIND IHRE LIEBSTEN GEMÜSESORTEN?

WELCHES OBST ESSEN SIE BESONDERS GERN?

Beobachten Sie Ihr Essverhalten und essen Sie mehr Obst und Gemüse: Es macht Sie glücklicher!

WIE OFT WAREN SIE DIESE WOCHE IN DER SONNE UND FÜR WIE LANGE?

HAPPY END: WIE GROSS IST DAS GLÜCK?

Sie haben die vergangenen vier Wochen viel übers Glücklichsein gelesen, einige Übungen gemacht, entrümpelt und vergeben. Sich nach außen und innen gewandt, sich mit Sport, Freunden, äußeren und inneren Zuständen befasst und mit der Meditation und der Manifestation Bekanntschaft geschlossen. Vielleicht finden Sie Manches banal, anderes überwältigend. Vielleicht leuchten Ihnen manche Dinge sofort ein, und andere sorgen für inneren Widerstand. Egal, was meine Texte und Übungen in Ihnen bewirkt haben, und egal, ob Sie das gut oder schlecht finden: Sie werden spüren, dass es Sie verändert hat. Oder dass Sie dabei sind, Dinge zu verändern. Es ist mit dem Bewusstsein nämlich wie mit einem kleinen Samenkorn, das man im Frühjahr in den Acker setzt: Es liegt in der Erde und sieht aus, als ob es schlummert. Aber wenn die Sonne des Bewusstseins darauf fällt und das Wasser des Lebensstroms darüber fließt, fängt das kleine Korn an zu keimen und wächst zu einer kleinen Pflanze heran. Es wächst vielleicht noch weiter und wird möglicherweise zu einer Blume oder auch zu einem Baum. Was auch immer

DAS GLÜCK LIEGT IHNEN ZU FÜSSEN. GREIFEN SIE ZU!

Lassen Sie sich inspirieren – und gehen Sie anschließend in die Stille. Es ist gut, andere Meinungen zu hören, aber Sie sollten immer auf Ihr Bauchgefühl vertrauen und selbst entscheiden, was Sie weiterbringt.

in den letzten vier Wochen an Saatgut von Ihnen ausgebracht wurde: Sie können sicher sein, dass es keimt, wenn die Natur es für reif hält. Sie müssen gar nicht alles sofort umsetzen, sofort von null auf hundert schalten und Ihr Bewusstsein auf die Überholspur zwingen. Alles, was passieren soll, wird geschehen.

Sie haben von Dingen gelesen, die Sie berührt haben und von solchen, die Sie aufgewühlt haben. Manche davon werden Sie vertiefen wollen. Sie haben Ihren Horizont erweitert, Ihren Geist und Ihr Herz geöffnet. Seien Sie ganz beruhigt: Sie sind jederzeit bereit dafür, glücklich zu sein. Denn Sie waren es schon immer.

Leichter werden: Vertiefung für Woche 1

In der ersten Woche ging es darum, überflüssigen Ballast abzuwerfen und geistig leichter zu werden. Das öffnet Herz und Seele. Wenn Sie noch tiefergehende Informationen dazu suchen, kann ich Ihnen die folgenden Internetseiten wärmstens empfehlen:

www.hooponopono-seminare.de Hier finden Sie weitere Informationen zur Technik sowie die Möglichkeit, an Seminaren teilzunehmen. Ich empfehle Ihnen, zuvor die gängigen Seiten im Netz zu besuchen und auch auf YouTube ein paar Eindrücke zu sammeln.

www.patrickbroome.de Für Ihre Herzensangelegenheiten: Dieser tolle Lehrer ist international auf Seminaren anzutreffen – oder in München in einem seiner Studios. Er lehrt auch der Fußball-Nationalmannschaft, aufs Herz zu hören und die Beine hinter dem Kopf zu verknoten.

www.ninawinkler.de Besuchen Sie meine Homepage, um mehr über Ihren Körper zu erfahren! Es gibt Übungseinheiten, Informationen und immer wieder meine persönliche Meinung zu Themen, die mit Körper, Training und Bewusstsein in Zusammenhang stehen.

Ziele setzen, klar werden: Vertiefung für Woche 2

Woche zwei hat sich intensiv damit beschäftigt, Klarheit und Zielsetzung in Ihrem Leben zu verdeutlichen. Ich hoffe, dass Sie dadurch eine bessere Orientie-

> Selbst im Gefängnis kann man über sich hinauswachsen. Das beste Beispiel ist Dieter Gurkasch, der im Knast zum Yoga fand und dadurch einen Weg, aus seiner scheinbaren Endlosschleife aus Wut, Hass und Angst auszubrechen.

rung bekommen haben und bereit sind, für Ihr Glück an sich zu arbeiten. Weitere Informationen aus dem Netz finden Sie hier:

www.dietergurkasch.de Wenn Sie Lust haben, etwas über Veränderung und Transformation zu erfahren, wird Sie diese Webseite sicher interessieren. Der Ex-Gefangene ist auf Yoga und Meditation spezialisiert und sehr sympathisch. Sollten Sie die Möglichkeit haben, einen Vortrag von ihm zu hören: Es ist wirklich bewegend, gehen Sie hin!

www.feng-shui.com Mit kleinen Tipps zur Wohnraumgestaltung können Sie viel bewirken; Feng Shui-Großmeister Dr. Jes T. Y. Lim hält großartige Vorträge und Seminare zum Thema, was auch mit dem Entrümpeln in Woche 2 Hand in Hand geht. Sie können dort auch Berater suchen.

www.mrmasterkey.com Helmar Rudolph hilft, das schöpferische Potenzial in jedem zum Vorschein zu bringen. Er arbeitet dabei mit einem bewährten System, das schon vielen Menschen geholfen.

> DAS LEBEN IST WUNDERBAR – ABER AUCH KURZ, ALSO LEGEN SIE LOS!

Gute Stimmung, positive Gedanken: Vertiefung für Woche 3 In dieser Woche ging es darum, Mut zu fassen, Selbstsabotage zu stoppen und sich auf eine positive Denkweise zu eichen. Die folgenden Webadressen untermauern, ergänzen, inspirieren – und geben Ihnen noch mehr guten Input, am Glück zu arbeiten.

www.thework.com Die Arbeit von Byron Katie ist international bekannt: Sie ist eine Vorreiterin auf dem Gebiet der Selbstanalyse und benutzt ein System, was auf Eigenverantwortung beruht. Sehr bereichernd sind ihre Videos auf YouTube, in denen sie selbst bei der Arbeit zu sehen ist.

www.ted.com Hier finden Sie allerlei Vorträge zu diversen Themen, aber alle haben eines gemeinsam: Sie sind inspirierend. Besonders ergreifend ist beispielsweise der Vortrag der Gehirnforscherin Jill Bolte Taylor oder der von Philipp Wollens Talks. Klicken Sie sich durch!

Sinneszauber pur: Vertiefung für Woche 4
Singen, hören, schmecken, meditieren: Sie sind in dieser

Woche nochmal durch den gesamten Wahrnehmungsapparat galoppiert und haben einige Informationen bekommen. Zur Vertiefung empfehle ich Ihnen folgende Seiten im Netz:

www.peta.de Die Tierschutzorganisation gibt auf der Webseite viele tolle Ratschläge zur veganen Ernährung und hält auch viele Informationen zum Thema Aktivismus bereit.

www.azaharfoundation.org Die Yogaikone Yogeswari versucht, mit ihrem Projekt in Kambodscha mittellosen Kindern eine Zukunft zu ermöglichen. Da ich die Lehrerin persönlich kenne und mich von ihrer selbstlosen Art angesprochen fühle, möchte ich mit dem Hinweis auf ihre Arbeit zum Nachdenken anregen.

Friedlich futtern bringt natürlich auch Vorteile für die Figur. Die wiegen aber relativ leicht, wenn man die verpassten Herzinfarkte, Schlaganfälle und Krebserkrankungen auf die andere Waagschale legt.

www.cherrylduncan.com Die südafrikanische Yogalehrerin ist voller Wissen über die Tricks des Bewusstseins, erteilt charismatischen Unterricht und hat eine inspirierende Webseite. Sie ist häufig in Deutschland; gehen Sie hin, wenn Sie die Möglichkeit bekommen, Cherryl live zu erleben!

DIE TAGESBILANZ

„WAS FLÜGEL HAT, DAS FLIEGT, UND WÄRE ES IN EINER MAULWURFSHÖHLE ZUR WELT GEKOMMEN."

– JOHANN JAKOB MOHR

Das Betthupferl

ENDSPURT!

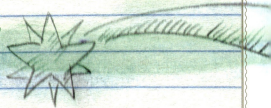

WIE GLÜCKLICH SIND SIE? ORDNEN SIE SICH AUF EINER SKALA VON 1 = NICHT GLÜCKLICH BIS 10 = SEHR GLÜCKLICH EIN UND BESCHREIBEN SIE, WIESO.

IN WELCHER WOCHE FAND DIE GRÖSSTE VERÄNDERUNG IN IHNEN STATT?

WELCHES GLÜCKSTHEMA IST IHNEN AM WICHTIGSTEN, WELCHES KAPITEL WERDEN SIE IN DEN FOLGENDEN TAGEN EIGENSTÄNDIG VERTIEFEN?

SCHLUSSBETRACHTUNG

Glück kommt von innen, heißt es. Also sehe ich nach innen, immer und immer wieder. Und jedes Mal findet mich das Glück. Es ist nicht immer der große Moment, meistens eher ein kleiner, leiser. Aber es ist da, in mir. Das Glück. Das war aber nicht immer so. Aber der Blues ging vorüber, als ich zu mir fand. Zu mir finden bedeutete: raus aus den Erwartungen, die an mich gestellt wurden. Es stellte sich heraus, dass die Hälfte davon nur in meinem Kopf existierte. Andere Erwartungen musste ich überwinden, einige Menschen enttäuschen und mein Sein dabei hinterfragen. Meine größte Hilfe dabei war schon immer der Sport. Ich bin der festen Überzeugung, dass Bewegung ein Heilmittel der ganz großen Sorte ist. Und dass es in der Natur des Menschen liegt, sich viel zu bewegen und oft ins Schwitzen zu kommen, rein körperlich. Herz und Kreislauf profitieren sehr davon. Noch mehr Vorteile davon aber hat Ihr Kopf – und Ihr spirituelles Herz. Dank des Sporttreibens und des Körpergefühls, das ich dadurch entwickeln durfte, führte mein Weg mich zum Yoga. Über das Körperliche gelangte ich durch jahrelange Arbeit an mir selbst wieder zum Herzen zurück. Nun stapfe ich einfach immer weiter auf meinem Weg, von dem ich nur ahnen kann, wo er mich hinführt. Der Weg ist das Ziel, das Ziel jedoch verfolge ich nicht. Ich gehe einfach nur.

Aber eines weiß ich sicher: Ich bin grundsätzlich glücklich, bei jedem einzelnen Schritt.

Ich hoffe, dass mein Buch ein Ratgeber für Sie sein kann, eine Art Leitfaden. Einen Anspruch auf Vollständigkeit möchte ich nicht erheben – aber darauf, Ihnen Mut gemacht zu haben. Mut, den Sie benötigen, um Sie selbst zu sein und Ihren ganz eigenen Weg zu gehen, um Dinge auszuprobieren und die weiteste Reise der Welt anzutreten: die Reise nach innen. Ich bin der festen Überzeugung, dass unser Körper nur geliehen ist, ein Geschenk Gottes wenn Sie so wollen, und dass wir ihn eines Tages ausziehen wie abends die Kleidung – nur, um am kommenden Tag ein neues Kleid anzulegen und unserer Seele so die Möglichkeit zu geben, sich weiterzuentwickeln. So lange, bis wir uns so viel Weisheit, Liebe und Mitgefühl angeeignet haben, dass wir reif sind, um in den Schoß des Universums zurückzukehren. Klingt Ihnen zu abgefahren? Dann suchen Sie Ihre eigene Vorstellung, Ihre eigene Definition vom Glück. Jeder Weg dorthin ist gut, und Ihrer ist für Sie der einzig wahre, der beste, den Sie wählen können. Genießen Sie das Leben. Ich wünsche Ihnen viel Glück!

Ihre
Nina Winkler

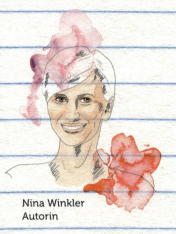

Nina Winkler
Autorin

Ilga Tick
Grafikerin

Renate Forster
Fotografin

Abbildungsnachweis

Illustrationen: Alina Sawallisch

Fotos:
Rückseite: forster & martin fotografie
Innenteil:
F1online: 56
forster & martin fotografie: 4, 8, 17, 21, 32, 33, 34, 37, 38, 39, 53, 54, 73, 107, 113, 153, 160, 166, 176, 179, 181; Fotolia: 23 © binik; 37, 119, 120 (2) ©picsfive; 49 © alma_sacra; 57 © karelknope; Justin Healy: 25, 26 (4), 27 (4), 28/29, 40 (12), 59, 60 (12), 83 (12), 96, 99 (4), 114 (4), 115 (4), 123 (4), 124 (4), 125 (4), 135 (1), 136 (4), 137 (2), 142 (4), 143 (4), 157 (4), 159 (4), 169 (4), 170 (4), 171 (4), 182, 187

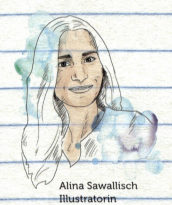

Alina Sawallisch
Illustratorin

Bibliografische Information der Deutschen Nationalbibliothek
Die Deutsche Nationalbibliothek verzeichnet diese Publikation in der Deutschen Nationalbibliografie; detaillierte bibliografische Daten sind im Internet über http://dnb.dnb.de abrufbar.

Lisa Martin
Fotografin

1. Auflage
ISBN 978-3-667-10150-1
© Delius Klasing & Co. KG, Bielefeld

Konzept und Text: Nina Winkler;
www.ninawinkler.de, www.facebook.com/MsNinaWinkler
Lektorat: Niko Schmidt
Umschlaggestaltung und Layout: Ilga Tick
Lithografie: scanlitho.teams, Bielefeld
Druck: Himmer AG, Augsburg
Printed in Germany 2015

Alle Rechte vorbehalten! Ohne ausdrückliche Erlaubnis des Verlages darf das Werk weder komplett noch teilweise reproduziert, übertragen oder kopiert werden, wie z. B. manuell oder mithilfe elektronischer und mechanischer Systeme inklusive Fotokopieren, Bandaufzeichnung und Datenspeicherung.

Justin Healy
Fotograf

Delius Klasing Verlag, Siekerwall 21, D - 33602 Bielefeld
Tel.: 0521/559-0, Fax: 0521/559-115
E-Mail: info@delius-klasing.de
www.delius-klasing.de

Niko Schmidt
Lektor